MANFRED HELLMANN

GRUNDZÜGE DER GESCHICHTE LITAUENS
UND DES LITAUISCHEN VOLKES

MANFRED HELLMANN

GRUNDZÜGE DER GESCHICHTE LITAUENS UND DES LITAUISCHEN VOLKES

WISSENSCHAFTLICHE BUCHGESELLSCHAFT
DARMSTADT

Einbandgestaltung: Studio for Communication Design
Ulrich Franz & Neil McBeath, Stuttgart.

1. Auflage 1966
2., durchgesehene Auflage 1976
3., gegenüber der 2. unveränderte Auflage 1976
Die ersten drei Auflagen sind in der Reihe
›Grundzüge‹ als Band 5 erschienen.

CIP-Titelaufnahme der Deutschen Bibliothek

Hellmann, Manfred:
Grundzüge der Geschichte Litauens und des litauischen
Volkes / Manfred Hellmann. – 4., gegenüber der
3. unveränd. Aufl. – Darmstadt: Wiss. Buchges., 1990
ISBN 3-534-00724-7

Bestellnummer 00724-7

Das Werk ist in allen seinen Teilen urheberrechtlich geschützt.
Jede Verwertung ist ohne Zustimmung des Verlages unzulässig.
Das gilt insbesondere für Vervielfältigungen,
Übersetzungen, Mikroverfilmungen und die Einspeicherung in
und Verarbeitung durch elektronische Systeme.

4., gegenüber der 3. unveränderte Auflage 1990
© 1976 by Wissenschaftliche Buchgesellschaft, Darmstadt
Gedruckt auf säurefreiem und alterungsbeständigem Werkdruckpapier
Satz: Carl Winter, Darmstadt
Druck und Einband: Wissenschaftliche Buchgesellschaft, Darmstadt
Printed in Germany

ISBN 3-534-00724-7

INHALT

Vorwort	7
I. Land und Volk	9
II. Vor- und Frühgeschichte, erste Herrschaftsbildung	14
III. Gedimin (1316—1341)	20
IV. Olgerd und Kynstute	25
V. Jagiello und die Union mit Polen	33
VI. Jagiello und Witowt	38
VII. Litauen im 15. Jahrhundert (1430—1506)	53
VIII. Litauen unter den letzten Jagiellonen	60
IX. Stephan Báthory und Sigismund III.	79
X. Im Schatten der Weltgeschichte (17. und 18. Jahrhundert)	87
XI. Litauen in der ersten Hälfte des 19. Jahrhunderts	95
XII. Die litauische Nationalbewegung	105
XIII. Der Erste Weltkrieg	134
XIV. Die Republik Litauen bis zum Staatsstreich von 1926	141
XV. Litauen unter dem Regime der Tautininkai (1926—1938)	161
XVI. Am Vorabend der Katastrophe	165
Schlußwort	175
Literaturhinweise	177
Zwei Karten	181

VORWORT

Der Titel dieses Buches ist bewußt gewählt. Geschichte Litauens und Geschichte des litauischen Volkes decken sich auf weite Strecken nicht. Die Begründung dafür ergibt sich aus dem, was auf den folgenden Seiten erzählt wird.

Wir Deutsche haben für dieses unser Nachbarvolk, seitdem wir es kennen, nicht immer Verständnis aufzubringen vermocht, insbesondere dann nicht, als ein Teil Ostpreußens, das Memelland, unter seine Herrschaft geriet und sich daraus Spannungen verschiedener Art ergaben. Das alles gehört der Vergangenheit an. Wir können über alle Mißverständnisse hinwegsehen und unseren Blick auf das Wesentliche richten: auf das Schicksal der Menschen dieses kleinen Volkes, das zu unserem Kulturkreis gehört. Dem Verständnis litauischen geschichtlichen Schicksals und damit natürlich auch dem Verständnis litauischer Wesensart den Weg bereiten zu helfen, ist das Ziel dieses Buches. Es erhebt keinen Anspruch darauf, eine umfassende Darstellung, wie sie wünschenswert wäre, zu ersetzen. Dazu sind viele Vorarbeiten zu leisten und dazu wäre der Einzelne heute kaum mehr imstande. Was beabsichtigt ist, ist ein skizzenhafter Abriß — mehr nicht.

Dieses Buch wurde im Entwurf Frau Elisabeth Josephi, jetzt in Sarstedt (Hann.), auf den Gabentisch ihres 70. Geburtstages am 7. September 1958 gelegt. In ihrem Hause und unter ihrer Anleitung hat der Verfasser als junger Mensch das Land und seine Menschen, von denen hier erzählt wird, kennen, verstehen und schätzen gelernt. Er hat von ihr vor allem gelernt, daß an der Grenze leben auch immer die von jenseits der Grenze mitbedenken heißt. Daher sei ihr das Buch ein bescheidenes Zeichen des Dankes.

Münster (Westf.), im Dezember 1964   Der Verfasser

I. LAND UND VOLK

Dort, wo zwischen der östlichen Ostseeküste und dem Mittellauf der Düna zahlreiche Kleinlandschaften deutlich unterscheidbaren Charakters hintereinander gestaffelt sind, liegt die Heimat der Litauer. Sie wird im Norden und im Süden von zwei im Landschaftsbild hervortretenden Hügelzügen, der kurisch-litauischen Endmoräne und dem Höhenrücken von Suwalki, begrenzt; sie ist nach Osten und Südosten gegen die weiten Ebenen und Waldgebiete Weißrußlands offen. Die Achse dieses litauischen Siedlungslandes, das in seiner Form einem unregelmäßigen Viereck gleicht, bildet der Lauf der Memel (Nemunas) und deren rechten Nebenflusses, des Neris (Wilija).

Vier große Landschaften lassen sich unterscheiden: im Nordwesten Schemaiten (Niederlitauen), mit äußerster Spitze bei Heiligenaa (Šventoji) und Polangen (Palanga) noch die Ostseeküste erreichend, ein bewegtes Hügelland mit zahlreichen kleineren und größeren Seen und in sich wiederum vielfältig gegliedert. Es fällt nach Süden zum Tal der unteren Memel steil ab und verleiht diesem jenen Zauber, den die litauische Dichtung preist. Bewegt wie die Landschaft mit ihrem reizvollen Wechsel von Wäldern, Seen und Ackerbreiten ist die Geschichte gerade dieses Gebietes, dem im geschichtlichen und im geistigen Leben Litauens stets eine besondere Rolle bestimmt war.

Jenseits der Memel schließt im Süden das verhältnismäßig junge Kolonisationsland der Suvalkija an mit weiten Ebenen und großen zusammenhängenden Waldgebieten, den größten des Landes. Es wird im Süden durch die anmutige Hügellandschaft zwischen dem Wystiter See und der Memelschleife bei Merkinė abgeschlossen. Nach Osten zu bildet die Memel selbst vom großen Memelbogen bei Rumšiškis (östlich Kauen/

Kaunas, russ. Kowno) an die Grenze. Die „Suvalkiečiai"
(Suwalkier) sind Menschen von ausgeprägter, entschlossener,
rasch zupackender Art. Gewiß kein Zufall hat gerade Männer
aus der Suvalkija im ausgehenden 19. Jahrhundert zu Vor-
kämpfern einer nationalen Erweckung werden lassen.

An Schemaiten schließt sich im Osten die zwischen Pasvalys
im Norden und Kauen/Kaunas im Süden den gesamten Mittel-
teil Litauens umfassende Ebene an, mit schweren und feuchten
Böden, auf denen bis in die Gegenwart hinein sich noch größere
Laubwälder erhalten haben. Nach Osten zu wird das Landschaftsbild abwechslungsreicher, zwischen Rokiškis und Utėna
wölbt es sich zu einem Hügelgebiet auf, in das zahllose kleine
und größere Seen eingebettet sind und in dem nun auch Nadel-
wälder sich ausbreiten. Hier wird der Anschluß an jene von
Südwesten kommende Hügelzone hergestellt, die als baltischer
Höhenrücken über Tausende von Kilometern hinweg von
Mecklenburg über Pommern, West- und Ostpreußen und
Litauen hinweg der Düna zustrebt und andererseits sich südost-
wärts wendet, um im weißrussischen Siedlungsgebiet westlich
Minsk seine höchsten Höhen zu erreichen.

Ganz im Gebiet dieses baltischen Höhenrückens liegt schließlich Ostlitauen, der Kern des Staats- und Volksgebietes mit
dem Zentrum Wilna/Vilnius am Neris. Auch Ostlitauen zerfällt
in verschiedene kleinere Landschaften, etwa die eigentümliche,
Dzūkija genannte Kleinlandschaft, die deutlich zeigt, wie sich
hier die Begegnung und Durchdringung mit dem von Südosten
vorrückenden ostslawischen Weißrussentum vollzogen hat, vor
allem aber mit dem von Süden kommenden Polentum. Es ist
der Schicksalsraum der litauischen Geschichte, das sogen. Aukschtaiten (Hochlitauen), dem die Einigung der Litauer in einem
gemeinsamen Staat aufgetragen war.

Die Kammerung in Kleinräume geht auf die Eiszeit zurück,
die das eigenartig reizvolle, abwechslungsreiche Landschaftsbild Litauens geformt, freilich auch durch ausgedehnte sandige
Ablagerungen und zurückgelassene feuchte Rinnen und Talauen
die Schwierigkeiten der menschlichen Kommunikation bedingt

hat. Das Bewässerungsnetz ist dünn; die größeren Flüsse Litauens streben nach verschiedenen Richtungen auseinander — die Windau (Venta) entwässert nach Nordwesten zur Ostsee, die nördliche Memel und Mus bilden die Kurländische Aa, die in den Rigaschen Meerbusen fließt, einige kleine Flüsse gehen zur Düna, während die meisten übrigen sich in die Memel ergießen — und dadurch wird eine bedeutendere Binnenschiffahrt unmöglich gemacht. Die alten Handelswege folgten entweder der Ostseeküste, umgingen also das Land, oder aber sie verliefen auf den höher gelegenen, daher trockenen und sandigen Flächen. Trotz seiner Lage am Rande Osteuropas, die sich etwa auch in den verhältnismäßig großen klimatischen Unterschieden zwischen den küstennahen Gebieten und dem Osten ausprägt, ist Litauen kein Paßland, und selbst der Memelstrom hat den Handel nicht, wie die Düna, in großem Umfange auf sich gezogen und in die weiten Räume der osteuropäischen Tieflandzone gelenkt. Aller Fernverkehr endete eigentlich schon in Grodno oder Wilna und berührte die litauischen Landschaften nördlich der Memel oder beidseits derselben zwischen Kauen und Grodno wenig oder kaum.

Diese natürlichen Bedingungen mögen es mit sich gebracht haben, daß die Menschen, welche in den verschiedenen Kleinlandschaften lebten, ihre Eigenart schärfer ausprägten, zäher und länger bewahrten, als dort, wo die Natur leichtere Verbindungsmöglichkeiten geschaffen hatte. Die durch die Landesnatur bedingte Vielseitigkeit volklichen Lebens ebenso wie der Regionalismus im politischen Bereich weisen Litauen eindeutig dem östlichen Mitteleuropa zu, dem es auch durch seine wechselvolle Geschichte verbunden ist.

Die Sprache der Litauer, aufgespalten in einige Mundarten, bildet zusammen mit dem Lettischen und der Sprache der Prußen, der einstigen Bewohner des Preußenlandes, die sog. baltische Sprachengruppe innerhalb der indogermanischen Sprachfamilie. Dabei sind das Litauische und das nur in wenigen Sprachresten erhaltene Prußische als Schwestersprachen anzusehen, während das moderne Lettische eine jüngere Entwicklungsstufe darstellt. Ob die baltischen Sprachen eine gemeinsame Sprachperiode mit dem Urslawischen durchlebt haben, wie verschiedene Sprachforscher (J. Endzelins, T. Lehr-Spawinski u. a.) annehmen, ist umstritten. Sicher ist indes, daß das baltische Sprachgebiet einst viel weiter nach Südosten, bis an die obere Oka und Wolga, reichte und allmählich infolge des Vorrückens des Ostslawentums zusammengeschrumpft ist (M. Vasmer). Dies mag auch der Anlaß gewesen sein, daß Angehörige baltischer Stämme, vor allem die Letten im engeren Sinne, nach Norden vorrückten und die dort ansässige ostseefinnische Bevölkerung ihrerseits zurückdrängten. Auch die Litauer sind, bereits im Lichte der Geschichte, nach Norden und Westen vorgerückt und haben in Schemaiten wie in der Suvalkija einstiges Siedlungsgebiet des wohl lettischen Stammes der Kuren und kleinerer prußischer Stämme in Besitz genommen.

Das Litauische ist erst im Laufe des 19. Jahrhunderts allmählich zu einer literarischen Hochsprache entwickelt worden. Im alten Großfürstentum des späteren Mittelalters war eine ostslawische Schriftsprache mit weißrussischen Eigentümlichkeiten als Kanzlei- und Regierungssprache im Gebrauch, die im 17. Jahrhundert durch das Polnische, im 19. Jahrhundert durch das Russische — entsprechend den wechselnden Herrschaftsverhältnissen — abgelöst wurde. Das Litauische wurde, wie das Litauertum allgemein auch, auf einen bäuerlichen Lebenskreis beschränkt und erhielt sich daher seine Ursprünglichkeit, seine altertümlichen Züge — Bewahrung des Dual, des Mediums u. a. m. — und seinen Formenreichtum, der in der Volkspoesie, insbesondere in den Volksliedern (dainos) zum Ausdruck kommt. Die Anforderungen des modernen Staats- und Wirtschaftslebens haben das Litauische in der ersten Hälfte des 20. Jahrhunderts stark beeinflußt und zahllose sprachliche Neubildungen notwendig gemacht. Ob und in welchem Umfange die Einfügung Litauens in die Sowjetunion (1941/1945) und damit abermals die Wirkung eines starken russischen Spracheinflusses Wandlungen und Überfremdungen hervorrufen wird, ist vorerst nicht zu übersehen. Sicher ist, daß die liedschöpferische Begabung der Frau, die Trägerin des rein lyrischen, aller balladesken Züge baren litauischen Volksliedes ist (A. Maceina), in den Dienst der sowjetischen Ideologie und damit konkreter politischer Absichten gestellt wird.

II. VOR- UND FRÜHGESCHICHTE, ERSTE HERRSCHAFTSBILDUNG

Schon seit der ausgehenden älteren Steinzeit lassen sich Menschen im späteren Litauen nachweisen, deren Hinterlassenschaft im Memeltal (z. B. in Kirsna, Kr. Marijampolė) und anderwärts zutage gekommen ist. Auch in der Mittelsteinzeit bilden diese Fischer und Jäger die Bevölkerung des Ostbaltikums. Erst im 5. vorchristlichen Jahrtausend dringt, vom Vorderen Orient kommend, Ackerbau und Haustierhaltung bis in das ostbaltische Gebiet vor; vermutet wird, daß die in der Jungsteinzeit im Ostbaltikum auftretenden Menschen, die nicht nur die Streitaxt kannten und benützten, sondern ihren Tongefäßen kennzeichnende band- oder schnurartige Verzierungen gaben, vielleicht vom Schwarzen Meer heraufgezogen sind und die ältere Fischer- und Jägerbevölkerung, deren Tonware mit einem Kamm- oder Grübchenmuster verziert war, zurückdrängten (z. B. Grabfunde in Grinkiškis, Kr. Kėdainiai, Kurmaičiai, Kr. Krottingen/Kretinga). Die nachfolgende, bis etwa 500 v. Chr. während Bronzezeit ist im gesamten Ostbaltikum nicht sehr reich vertreten; immerhin hat das Hügelgrab von Kurmaičiai bei Krottingen/Kretinga erkennen lassen, daß schon zu Ende der Bronzezeit eine herausgehobene Schicht vorhanden war. Die frühe vorchristliche Eisenzeit, für die ebenfalls in Kurmaičiai, aber auch in Hochlitauen (Velykuškės, Kr. Zarasai) wichtige Funde gemacht wurden, läßt allmählich die Konturen bestimmter größerer Gruppen erkennbar werden, die dann seit der älteren Eisenzeit (oder römischen Kaiserzeit, bis etwa 400 n. Chr.) deutlich zu einzelnen lokalen Einheiten sich zusammenfügen. Größere Gräberfelder mit reichen Grabbeigaben gewähren Einblick in das tägliche Leben. Während man für die Menschen der jüngeren Steinzeit und ihre Streitaxtkultur an die Indogermanen denkt, ist die in dieser Epoche zu erwartende Abspaltung des baltischen Urvolkes aus den bronzezeitlichen Funden nicht zu belegen. Seit der älteren Eisenzeit lassen sich die einzelnen Fundgruppen mit gewisser Sicherheit identifizieren: An der Küste des Memelgebietes und auf der Kurischen Nehrung sind, ebenso wie weiter nördlich, die Kuren auszumachen, über die seit etwa 675 bis um 850 n. Chr. die Schweden eine lockere Herrschaft ausübten (Stützpunkte: Seeburg bei Grobin in Kurland, Apulia bei Schoden/Skuodas im nordwestlichen Schemaiten); bis in die Gegend von Schaulen/Šiauliai reichte das Siedlungsgebiet der Semgaller, eines lettischen Stammes, dessen Nachbarn im Süden die Schemaiten (Niederlitauer) waren; im Osten und Südosten schloß sich daran das Gebiet der Aukschtaiten (Hochlitauer); kennzeichnend für beide Gruppen sind die Pferdegräber, ein Zeichen dafür, daß die Litauer schon damals Reiter waren. Nachbarn der Hochlitauer im Osten waren die Ostslawen, nördlich der Düna die Letten (oder Lettgaller) und südlich des Flusses der kleine, bei Einsetzen historischer Nachrichten unter litauischem Einfluß stehende lettische Stamm der Selen oder Selonen. Im Süden, im sog. Schwarzrußland, verzahnte sich schon in der späten Eisenzeit litauische Siedlung mit der der polnischen Masowier. Kennzeichnend ist für die Vor- und Frühgeschichte Litauens eine überaus große Siedlungsstetigkeit. Größere Wanderungsbewegungen fehlen oder berühren — wie die Einwanderung der ostseefinnischen Liven in Kurland — das Land nicht. Sofern sich Umbildungen vollziehen, geschieht dies allmählich und in einem langsamen Siedlungsvorgang. Funde und Ausgrabungen zeigen allenthalben beharrliches Festhalten am Althergebrachten und eine nur sehr allmähliche Ausweitung des Siedlungsraumes nach Norden und Westen (in geringem Umfange auch nach Osten über die Düna hinüber in das lettgallische Gebiet), die erst Jahrhunderte später durch die Festlegung der Westgrenze (1422) beschleunigt werden sollte.

Die erste Erwähnung der Litauer als „Litua" findet sich in den Quedlinburger Annalen zum Jahre 1008, dort, wo von der

Missionsreise und dem Märtyrertode des Bischofs Brun von Querfurt im Lande der Prußen die Rede ist. Die beiden Hauptstämme, die Litauer (Litwa), d. h. die Aukschtaiten (Hochlitauer), und die Schemaiten (Niederlitauer) werden sodann in der sog. Nestorchronik erwähnt, die vor 1116 im Kiever Höhlenkloster entstanden ist. Litauer und Schemaiten werden dort nicht nur getrennt aufgeführt, sondern auch als unter Tributherrschaft der Kiewer Großfürsten stehend genannt. Dies kann indes nur für die erste Hälfte des 11. Jhs. zutreffen, denn Ende des 12. Jhs. waren die Litauer der Schrecken aller ihrer Nachbarn; zeitweilig hatte bereits ein Litauer die Herrschaft im altrussischen Fürstentum Polozk an der mittleren Düna inne. Anfang des 13. Jhs. stellten die Litauer einen wichtigen politischen Faktor dar, mit dem alle Nachbarn, insbesondere auch die seit Ende des 12. Jhs. an der Dünamündung missionierenden Deutschen, rechnen mußten. Eheverbindungen zwischen altrussischen Fürsten und Litauern sind schon für diese Zeit nachweisbar. Daraus kann geschlossen werden, daß es damals bereits eine herausgehobene Schicht von kleineren und größeren Herren gab, deren Macht mitunter eine beträchtliche gewesen sein muß. Sie stützte sich auf Burgen und die „umliegenden Dörfer", über deren Bewohner ein solcher Burgherr wohl auch die Gerichtsbarkeit ausübte, wie uns ein Chronist des Deutschen Ordens berichtet. Aus ihren Kreisen mag er die junge Mannschaft für seine Kriegs- und Beutezüge gesammelt und daraus seine Gefolgschaft geformt haben, die die Anfänge einer Kriegerkaste darstellte und sich von der ackerbautreibenden seßhaften Bevölkerung allmählich abzuheben begann. Das freie Bauerntum wurde indes noch nicht in seinen Rechten berührt. Um die Burgen bildeten sich kleinere oder größere gewerbliche oder kaufmännische Siedlungen, von denen später einige — Wilna, Traken/Trakai, Kauen — besondere Bedeutung erlangten.

Eine politische Zusammenfassung der zahlreichen kleineren und größeren Herrschaften und Kleinfürstentümer wurde erst um die Mitte des 13. Jhs. versucht. Sie ist die Tat des Mindowe (lit. Mindaugas), der zuerst 1243/44 im Kampf gegen die ins

Kurenland vorgedrungenen Ritter des Deutschen Ordens begegnet. Über seine Herkunft ist Genaues nicht bekannt; vermutet wird, daß seine Stammburg — Kernowen (lit. Kernavė)? — im nördlichen Aukschtaiten lag. Er war mit einem im westlichen Schemaiten ansässigen Fürstengeschlecht verschwägert, das sich jedoch seinem Herrschaftsanspruch nicht beugen wollte, obgleich Mindowe dessen Tatendrang die Bahn nach Osten an die obere Düna (Polozk) und den oberen Dnjepr (Smolensk) wies. In den harten Kämpfen, die einsetzten, fanden die Schemaitenfürsten, deren bedeutendste Figur Tautwil (lit. Tautvila, poln. Towtiwił) war, nicht nur Unterstützung bei dem südlichen Nachbarn, dem ostslawischen Fürsten Daniel von Halytsch, sondern auch bei den Deutschen an der unteren Düna, in Livland. Tautwil ließ sich 1248 von Bischof Nikolaus von Riga nach lateinischem Ritus taufen und nahm Verbindungen zum livländischen Landmeister des Deutschen Ordens auf. In Polozk, in dem sich Tautwil über anderthalb Jahrzehnte zu behaupten vermochte, wurde der abendländischen Mission sogar eine Wirkungsmöglichkeit im ostslawisch-orthodoxen Raum eröffnet. Mindowe begann nun seinerseits Verhandlungen mit dem livländischen Ordensmeister, Andreas von Stirlant, und bot den Übertritt zum Christentum an (1251). Papst Innozenz IV. erkannte sofort die Möglichkeit, das werdende litauische Staatsgebilde in die abendländische Abwehrfront gegen die seit 1240 Europa bedrohenden Tataren einzufügen, beauftragte den Bischof Heidenreich von Kulm, Mindowe zum König zu krönen, und befahl den Bischöfen von Riga, Ösel und Kulm, ihm bei der Bekehrung der Heiden zu helfen.

Eine gegen die Taufe des Mindowe agitierende Partei im Deutschen Orden scheint versucht zu haben, die Taufe und Krönung des Litauers wenn nicht zu verhindern, so doch zu verzögern, so daß sie erst 1253 (vielleicht in Nowogródek) stattfand; dazu ließ der livländische Ordensmeister für Mindowe und dessen Gattin Martha „zwei gar kunstreiche Kronen" (Livländische Reimchronik) wahrscheinlich in Riga anfertigen und brachte sie „seinem Freunde" mit. Mindowe seinerseits trat Schemaiten an den Deutschen Orden ab, der damit die ersehnte Landbrücke zwischen Preußen und Livland zu erhalten schien. Freilich überließ der Litauerkönig die Inbesitznahme Schemaitens den Deutschen; sie ist trotz wiederholten Versuchen und fast zwei Jahrhunderte währenden Kämpfen gescheitert. Immerhin war Mindowe die widerspenstigen Schemaiten los, auch wenn es den Anschein hat, als habe er gegen Ende der 50er Jahre des 13. Jhs. die Schemaiten unter Traniât (lit. Treniota, poln. Trojnat), einem Bruder des Tautwil, insgeheim gegen seine deutschen Verbündeten unterstützt. Beim Übertritt Mindowes zum Christentum war ein Bistum unter dem Deutschordenspriester Christian errichtet und direkt der päpstlichen Kurie unterstellt worden, die Litauen in den Schutz des hl. Petrus nahm. Ein vom polnischen Erzbischof von Gnesen eingesetzter zweiter Bischof für das prußische Sudauerland und das südwestliche Litauen, Vitus, ist nicht zu weiterer Wirksamkeit gekommen. Aber auch Christians Wirken waren Grenzen gesetzt. Schon 1260 bereiteten die Schemaiten unter Traniât dem Deutschen Orden bei Durben in Südkurland eine schwere Niederlage, Tautwil von Polozk schloß sich ihnen an und 1262 fiel auch Mindowe vom Orden ab. Der Frontwechsel lieferte ihn schutzlos der schemaitischen Opposition aus, der er am 5. August 1263 zum Opfer fiel. Sein Tod bedeutete das Ende des christlichen litauischen Königsreiches. Es folgte eine Zeit innerer Wirren, wobei zeitweilig Traniât, dann Tautwil eine Oberherrschaft ausgeübt zu haben scheinen; ein Sohn des Mindowe, Woischelg (lit. Vaišilkas), der selbst griechisch-othodox war, konnte sich vorübergehend der Herrschaft bemächtigen, trat aber 1267 zurück. Eine zentrale Gewalt gab es in Litauen nicht mehr. Erst seit 1270 tritt Thoreide (lit. Traidenis, poln. Trojden), ein litauischer Stammesfürst aus der hochlitauischen Landschaft Kernowen, in den Vordergrund und scheint die übrigen litauischen Kleinfürsten sich untergeordnet zu haben. Als er 1282 starb, ging die Herrschaft bald auf ein Geschlecht über, das in der Folgezeit die Geschicke Litauens für Jahrhunderte bestimmen sollte. Sein erster historisch sicher bezeugter Vertreter Witen (lit. Vytenis), ist seit 1293 unumstrittener Oberherr der litauischen Burgherren und Kleinfürsten. Die Familie stammte vielleicht aus Hochlitauen, hatte aber wohl auch verwandtschaftliche Beziehungen zu den älteren Fürstengeschlechtern Schemaitens. Schon vor 1307 nahm Witen die litauische Ostpolitik gegenüber Polozk und den anderen Dünafürstentümern auf, beseitigte die letzten ostslawischen Teilfürsten dort und vereinigte sie mit seinem Stammlande. Im Süden war Schwarzrußland mit Nowogródek schon seit den Zeiten des Mindowe mit Litauen vereinigt worden. Als Witen 1315 oder 1316 starb, hinterließ er die Herrschaft über das werdende litauische Reich seinem jüngeren, ums Jahr 1275 geborenen Bruder Gedimin (lit. Gediminas), der in den 25 Jahren seiner Regierung Litauen zu einer Großmacht am Rande des östlichen Mitteleuropa erhob.

III. GEDIMIN (1316–1341)

Zur gleichen Zeit, da der Großfürst Iwan I. Kalità von Moskau (gestorben 1341) die Grundlagen für den Aufstieg dieses im nordöstlichen Kolonialgebiet der ostslawischen Welt gelegenen Fürstentums schuf, da der Herzog Władysław Łokietek (der Zwerg, gestorben 1333) das zerfallene polnische Reich unter seiner Herrschaft einigte und sich 1320 die Königskrone aufs Haupt setzen konnte, da unter geschickter Leitung das Missionsgebiet des Deutschen Ordens im Prußenlande zum Ordensstaate erwuchs und durch die Erwerbung Pommerellens und Danzigs (1309) nahezu die gesamte östliche Ostseeküste unter seine Kontrolle geriet und da schließlich in dem großen Khan Usbek (gestorben 1341) das Reich der Goldenen Horde der Tataren zu Saraj an der unteren Wolga noch einmal eine späte und letzte Blüte politischer Macht erlebte, stieg unter der tatkräftigen Regierung Gedimins Litauen sehr schnell zu einer Macht auf, die nicht nur die immer aufs neue unternommenen Angriffe des Deutschen Ordens abzuwehren vermochte, sondern in Konkurrenz mit Moskau, mit Polen und mit dem Tatarenreich seine Herrschaft stetig weiter nach Osten, Südosten und Süden ausdehnen konnte.

Nach einem ersten siegreichen Angriff auf Kiew (1320) wurde das Fürstentum Smolensk unterworfen und der litauischen Oberherrschaft unterstellt (vor 1340). Freilich geriet Litauen nun in die engste Berührung mit Polen und mit dem Herzogtum Masowien. 1325 schloß Gedimin mit König Władysław einen Schutz- und Bündnisvertrag, als dessen Unterpfand der polnische Thronerbe Kasimir eine Tochter Gedimins, Anna (Aldona), heiratete. 1326 unterstützten die Litauer den polnischen König gegen die Markgrafen von Brandenburg, 1329 griff Władysław das preußische Ordensland an, als das Ordensheer und seine Verbündeten mit König Johann von Böhmen an der Spitze einen Zug gegen Litauen unternahmen. Freilich kam es schon 1330 zu Auseinandersetzungen zwischen Litauen und Polen. Gedimin warf Władysław Nichteinhaltung der Vertragsbedingungen vor; die mit Polen eng verbündeten Ungarn protestierten gegen das Bündnis mit den litauischen Heiden. Als der letzte Fürst von Halytsch und Wolhynien, Bolesław Georg II., 1331 eine Tochter Gedimins heiratete, gewann litauischer Einfluß nach Süden an Boden. Freilich wurde damit neuer Konfliktstoff angehäuft. Der Tod Władysławs brachte zwar mit dessen Sohn und Nachfolger Kasimir III. auch Gedimins Tochter Anna 1333 auf den polnischen Königsthron – sie war das erste Mitglied des Gediminidenhauses, von dem die Taufe nach abendländischem Ritus sicher bezeugt ist –, aber die Beziehungen zwischen Litauen und Polen verschlechterten sich zusehends, vollends, als Anna 1339 starb. Im Winter 1339/40, als ein Tatareneinfall drohte, stellten Kasimir III. und sein Schwager, König Karl-Robert von Ungarn, Truppen bereit, die dem Fürsten von Halytsch-Wolhynien zu Hilfe eilen sollten, doch wurde Bolesław-Georg Anfang 1340 vergiftet, und in dem einsetzenden Kampf um sein Erbe erhoben im Einvernehmen mit den Herzögen von Masowien und dem König von Ungarn Kasimir III. als Schwager und ein Sohn Gedimins, Lubart, der mit einer wolhynischen Prinzessin verheiratet war, Erbansprüche. Ganz schnell wurde Halytsch von den Polen besetzt, während Lubart den Nordteil des Fürstentums mit Luzk an sich riß und Gedimin selbst das nördlichste Gebiet, Podlachien, Litauen einfügte. Die Auseinandersetzung Polens mit Litauen blieb zwar vorerst aus, aber sie war nur aufgeschoben, da Kasimir III. das Verhältnis zum Ordenslande Preußen regeln wollte, ehe er sich auf eine kriegerische Entscheidung mit Gedimin einließ. Auch die Tataren, in deren Hoheitsgebiet die Litauer durch die Ausdehnung ihrer Herrschaft eingriffen, haben bei Lebzeiten Gedimins einen Angriff auf Litauen vermieden.

Gedimins Innenpolitik ist dadurch gekennzeichnet, daß er

sowohl in politischer als in religiöser Hinsicht weitgehende Toleranz übte und gerade dadurch dem aus so verschiedenartigen Teilen zusammengefügten Staatswesen, das zunächst nicht über ein geordnetes Verwaltungssystem verfügte, jene ihm eigentümliche „Staatsraison" einimpfte, die ihn überdauern und sich als haltbar erweisen sollte. In den litauischer Oberherrschaft untergeordneten ostslawischen Fürstentümern wurden Brüder oder Söhne Gedimins als Statthalter eingesetzt (wie Theodor, ein Bruder Gedimins, in Kiew) oder blieben z. T. die angestammten Fürsten aus dem Geschlechte Ruriks sitzen; aber auch sie waren nun Statthalter des litauischen Großfürsten. Schnell wurden Familienverbindungen angeknüpft; ein Teil der Brüder und Söhne Gedimins gehörte der orthodoxen Kirche an. Seinen ostslawischen Untertanen gestattete der Großfürst nicht nur die freie Ausübung ihres religiösen Kultes, sondern er bemühte sich seit Beginn seiner Regierung beim Patriarchat in Konstantinopel, für Litauen eine eigene Metropolie mit Sitz in Nowogródek (lit. Naugardukas) zu erreichen. Dies gelang auch 1316/17, freilich nur vorübergehend. Seine Absicht war, den Einfluß des 1328 nach Moskau übergesiedelten Metropoliten von Kiew auszuschalten. Auch den in seiner Hauptstadt Wilna weilenden Deutschen erlaubte er trotz seiner Kämpfe mit dem Deutschen Orden das abendländische Christentum zu bekennen. An seinem Hofe waren Deutsche, z. B. sein Dolmetscher Hennekine, und Franziskaner aus Riga (zwei davon, Bertold und Heinrich, sind namentlich bekannt) tätig, die die Vermittlung mit den abendländischen Mächten übernahmen, u. a. die der Briefe, die er 1323 an Papst Johann XXII., an die Dominikaner und Franziskaner der sächsischen Ordensprovinz, an die Hansestädte richtete. Er lud nicht nur deutsche Geistliche, Ritter, Kaufleute, Handwerker und Bauern in sein Land ein, sondern stellte auch seinen Übertritt zum Christentum in Aussicht. Darüber hinaus öffnete er Litauen einschließlich der soeben eroberten ostslawischen Gebiete den deutschen Kaufleuten aus Riga und aus den übrigen Hansestädten, ja, selbst den Beauftragten des livländischen Ordenszweiges, sofern sie Handel treiben wollten. Wenn schließlich aus dem Übertritt Gedimins zum abendländischen Christentum nichts geworden ist, dann ist dafür neben der „Staatsraison", die nicht zuließ, daß der Großfürst seine der orthodoxen Kirche angehörenden Untertanen gegen sich aufbrachte, vor allem sein Verhältnis zum Deutschen Orden in Preußen bestimmend gewesen. Nach der Unterwerfung der Prußen, die 1283 abgeschlossen war, waren die Litauer diejenigen heidnischen Nachbarn, gegen die sich die fast jährlich unternommenen „Litauerreisen" der Ordensritter richteten. Sie dienten nicht konkreten missionarischen Zielen, sondern vielmehr in erster Linie einer noch zu lösenden Aufgabe der Heidenbekämpfung. Außerdem versuchte der Orden, durch die Gewinnung Schemaitens als Landbrücke von Preußen nach Livland auch hier seinen territorialen Besitzstand abzurunden. Hinzu kam, daß die regen Beziehungen der Stadt Riga und ihrer Bürgerschaft zu Litauen dem Orden auch in Livland höchst unerwünscht waren, da er selbst seinen Handel mehr und mehr zu erweitern trachtete. Als es dem Orden gelang, 1330 die Stadt Riga der eigenen Herrschaft zu unterwerfen, verstärkte er seine Anstrengungen, Schemaiten zu gewinnen und ließ sich von Kaiser Ludwig dem Bayern 1337 ganz Litauen übertragen. Wohl versuchten die Rigaer Erzbischöfe, deren Herrschaftsbereich vom Orden eingeschränkt wurde, unter Hinweis auf die Behinderungen der abendländischchristlichen Mission in Litauen und in den zu ihm gehörenden ostslawischen Fürstentümern an der oberen Düna – in Polozk bestand zeitweilig ein abendländisches Bistum – am päpstlichen Hof energische Schritte gegen den Orden zu erreichen, jedoch vergeblich. Der livländische Ordenszweig schloß endlich mit Gedimin 1338 einen Handelsvertrag, in dem die Handelswege und die Waren genau festgelegt wurden. Aufs Ganze gesehen erwiesen sich die Versuche des Ordens, Teile Litauens zu unterwerfen, als völlig ergebnislos und politisch unklug, wie sich später zeigen sollte.

Als Gedimin im Winter 1341/42 starb, war Litauen nicht nur um weite Gebiete gewachsen, sondern in seiner inneren

Struktur gefestigt und in seinen äußeren Beziehungen von den Hansestädten und Skandinavien bis nach Moskau, Saraj an der unteren Wolga, dem Zentrum der Goldenen Horde der Tataren und bis nach Ungarn als bedeutende Macht anerkannt. Mit Recht ist jüngst darauf hingewiesen worden, daß Gedimin die Prinzipien festgelegt habe, nach denen seine Söhne das Großfürstentum Litauen regieren sollten.

IV. OLGERD UND KYNSTUTE

Schon bei Lebzeiten hatte Gedimin seine Söhne als Teilfürsten in verschiedenen Gebieten des Reiches eingesetzt. Nach dem Vorbilde der im ostslawischen Rurikidenhause üblichen Thronfolgeordnung muß ihm eine gleichmäßige Berücksichtigung der Erbansprüche aller Söhne vorgeschwebt haben, wobei der als Großfürst von Wilna eingesetzte Sohn Jawnut (lit. Jaunutis) eine Art Oberaufsicht über seine Brüder ausüben sollte. Allein, schon wenige Jahre nach Gedimins Tode, 1345, bemächtigten sich zwei Brüder des neuen Großfürsten, Olgerd (lit. Algirdas) und Kynstute (lit. Keistutis), der Herrschaft, die sie unter sich dergestalt teilten, daß Olgerd mit dem Großfürstentitel und der Hauptstadt Wilna die gesamte Ostpolitik und Kynstute, der auf der Burg Traken residierte, die Politik im Westen und Südwesten, d. h. gegenüber dem Deutschen Orden in Preußen und gegenüber Polen bestimmen sollte. 35 Jahre lang haben die beiden Brüder einträchtig nebeneinander regiert und in diesen Jahrzehnten das Großfürstentum Litauen zur bedeutendsten politischen Macht am Rande des östlichen Mitteleuropa gemacht. Der unmittelbare Anlaß zu dem Staatsstreich war durch die Gefahr gegeben, die nach der Aussöhnung zwischen Kasimir III. von Polen und dem Deutschen Orden im Vertrag von Kalisch (1343) heraufzog, als die beiden Vertragspartner die Hände frei hatten, um gegen Litauen vorzugehen. Der Deutsche Orden unternahm schon 1344 eine große Heerfahrt nach Litauen, an der König Johann von Böhmen und sein Sohn Karl, der spätere Kaiser Karl IV., sowie König Ludwig von Ungarn, Neffe und designierter Nachfolger des Polenkönigs, Graf Wilhelm IV. v. Holland u. a. Fürsten und Herren teilnahmen. Ziel des Zuges war ein Angriff auf hochlitauische Gebiete, den die Litauer unter Kynstute mit einem Angriff auf das Samland beantworteten. Zur gleichen Zeit bereitete Kasimir III. von Polen einen Angriff auf das von Lubart regierte Luzk, den nördlichen Teil des einstigen Fürstentums Halytsch-Wolhynien, vor. Kynstute gelang es, während der folgenden Jahrzehnte alle Angriffe des Ordens auf Schemaiten und Hochlitauen, wenn auch oft unter schweren Verlusten, abzuwehren und seinerseits dem Orden durch rasche Verheerungszüge Schaden zuzufügen; dabei geriet er 1361 in Gefangenschaft und wurde auf der Marienburg ein halbes Jahr festgehalten. Am 17. Februar 1370 erlitt er gemeinsam mit seinem jungen Sohn Witowt (lit. Vytautas, poln. Witold) und seinem Bruder Olgerd und dessen ältestem Sohn Jagiello (lit. Jogaila) vom Orden bei Rudau im Samland eine schwere Niederlage; dabei fiel der Ordensmarschall Hennig Schindekopf. Die jahrzehntelangen Kämpfe führten zu einer weitgehenden Verwüstung der Grenzgebiete; die vom Orden in Schemaiten und an der Memel errichteten Burgen (Beyerburg, Gotteswerder, u. a.) wurden von den Litauern, die litauischen Grenzburgen vom Orden immer wieder zerstört. Auch die Grenzgebiete im livländischen Ordensgebiet, vor allem in Kurland und an der Düna, erlitten in diesen Kämpfen öfters schwere Verwüstungen. Insgesamt sind in 37 Jahren von beiden Seiten über 140 Heerfahrten und Kriegszüge unternommen worden. Da beide Gegner gleichstark waren und insbesondere Kynstute seine Stellung voll behauptete, blieb eine Entscheidung aus.

Weniger glücklich war Kynstutes Politik gegenüber Polen, das 1349 Luzk, den Sitz des Lubart, angegriffen hatte. Kynstute schritt zum Gegenangriff; allein die Hilfe, die Ludwig von Ungarn seinem Oheim Kasimir zuteil werden ließ, zwang Kynstute zeitweilig nachzugeben und 1351 Ludwig von Ungarn die Taufe zu versprechen, wobei zweifelhaft ist, ob er jemals gewillt war, dieses Versprechen zu halten. Ein Feldzug der Könige von Polen und Ungarn nötigte ihn zu weiteren Anstrengungen. Da sich eine Entscheidung auch jetzt nicht erzwingen ließ, wurde (wahrscheinlich im Herbst 1352) ein schriftlich fixierter Vertrag zwischen den litauischen Fürsten und Kasimir geschlossen, wobei den Litauern zugute kam, daß Kasimir und Ludwig sich über die Ansprüche auf Halytsch-Wolhynien untereinander selbst nicht einig waren. Schon 1353 begann Lubart erneut den Krieg, doch wurde die vereinbarte Grenze im wesentlichen aufrechterhalten. 1358 wurde auch die Grenze zwischen Masowien und Litauen vertraglich festgelegt. Erst seit 1363 lassen sich Kriegsvorbereitungen Kasimirs feststellen, die offensichtlich auf eine Inbesitznahme des ganzen ehemaligen Fürstentums Halytsch-Wolhynien abzielten. Dabei kamen Kasimir Spannungen im Gediminidenhause zustatten. Zwei Neffen Olgerds und Kynstutes schlossen sich Kasimir an. Im Herbst 1366 wurde ein neuer Friedensvertrag geschlossen, der Kasimir weiteren Landgewinn brachte. Lubart wurde dem Polenkönig unterstellt. Als Kasimir 1370 starb und ihm Ludwig von Ungarn folgte, versuchten die Litauerfürsten die verlorenen Gebiete wiederzugewinnen, mußten aber 1377 eine schwere Niederlage hinnehmen; Lubart und einige seiner Neffen mußten Ludwig einen Lehnseid leisten; die polnischen Lande waren vor weiteren litauischen Angriffen endgültig gesichert.

Während im Westen die litauische Herrschaft behauptet, aber nicht ausgedehnt wurde, gewann Olgerds Politik dem Großfürstentum weit nach Osten Raum. Smolensk, schon von Gedimin litauischer Oberherrschaft unterstellt, wurde endgültig dem Großfürstentum einverleibt, die Fürstentümer Tschernigow, Nowgorod-Sewersk und Brjansk gewonnen, schließlich 1362/63 Kiew, die alte Hauptstadt des einstigen ostslawischen Reiches, die „Mutter der russischen Städte", besetzt. Dies war nur möglich, weil die Goldene Horde der Tataren, der seit 1240 fast alle altrussischen Fürstentümer unterstanden, ihre einstige Macht verloren hatte und in Teilherrschaften zu zerfallen begann. Auch in den beiden großen Handelsrepubliken Nowgorod und Pleskau (Pskow) suchte Olgerd Einfluß zu gewinnen. Hier aber stieß er auf den erbitterten Widerstand derjenigen politischen Macht, die den Aufstieg Litauens mit größter Sorge beobachtete: Moskaus. Sehr bald kam es zu Auseinandersetzungen; Olgerd unternahm 1368 und 1370 Züge gegen Moskau, wobei er sein Schwert in das Kremltor geschlagen haben soll. Seine Intervention für den Rivalen des Großfürsten Dmitrij von Moskau, den Fürsten Michael von Twerj, veranlaßte ihn 1372 zu einem dritten Feldzug gegen Moskau. Ein Ordenschronist berichtet, Olgerd habe einmal geäußert, ganz Altrußland habe sich der Herrschaft der Litauer zu beugen. (Omnis Russia ad Letwinus deberet simpliciter pertinere), und es dürfte nicht zweifelhaft sein, daß Olgerd bestrebt war, sich möglichst viele der altrussischen Teilfürstentümer zu unterwerfen. In der Tat umfaßte seine Herrschaft von der oberen Oka bis an den mittleren Dnjepr nahezu drei Fünftel des einstigen Kiewer Reiches. Dies veranlaßte ihn, der orthodoxen Kirche seiner ostslawischen Untertanen, dem Beispiel Gedimins folgend, eine eigene Metropolie zu schaffen, zumal Kiew selbst nun zum Großfürstentum Litauen gehörte, während der in Moskau residierende Metropolit noch immer den Titel eines „Metropoliten von Kiew und ganz Altrußland" führte. Zeitweilig gab es auch Metropoliten für die litauischen Gebiete, aber der Tod der Inhaber der Metropolitenwürde ließ jedesmal die Frage erneut akut werden, ohne daß eine endgültige Regelung getroffen werden konnte, auch wenn 1373 die Einsetzung eines Metropoliten für „Kiew und ganz Altrußland", Cyprian, in Kiew, damit also für Litauen, glückte, obgleich der in Moskau residierende Metropolit Alexander noch lebte. Allein, auch diese Regelung erwies sich als nicht von langer Dauer. Olgerd selbst blieb Heide, war aber nacheinander mit zwei orthodoxen altrussischen Prinzessinnen verheiratet. Die Söhne und Töchter aus erster Ehe, die alle russische Namen tragen, scheinen orthodox getauft zu sein, während die Kinder aus der zweiten Ehe alle litauische Namen tragen — mit Ausnahme der Tochter Maria, die später Herzogin von Masowien wurde —, so daß sie wahrscheinlich nicht getauft worden sind. Sicher ist dies aber nicht. Auch die Nachricht, daß Olgerd selbst kurz vor seinem Tode sich habe taufen lassen und orthodoxer Christ geworden sei, ist nicht unbestritten. Im Westen machte man sich zeitweilig Hoffnungen, Olgerd und Kynstute für das abendländische Christentum zu gewinnen. Kaiser Karl IV., dem die litauischen Fürsten als Verbündete gegen die Koalition Polen – Ungarn nicht unerwünscht gewesen wären, zumal Kasimir III. von Polen schon seit 1349 sich der päpstlichen Unterstützung bei einem Bekehrungswerk in Litauen versichert hatte, richtete 1358 einen Brief an die beiden Litauerfürsten, in dem er sie zur Taufe aufforderte und ihnen dafür den damals freilich kaum mehr wirksamen Schutz des Reiches zusicherte. Die Litauerfürsten, deren Sprecher in den Verhandlungen Kynstute war, machten zur Bedingung, daß eine eigene Kirchenorganisation für Litauen geschaffen wurde, daß der Deutsche Orden die geraubten Gebiete herausgebe – hierbei wurde eine Westgrenze angegeben, die weit ins Ordensland hineinreichte – und daß schließlich Litauen Schutz und Hilfe gegen die Tataren erhielte. Diese Forderungen zielten darauf, den Deutschen Orden aus Preußen zu entfernen und an die Grenze gegen die Tataren zu verpflanzen. Schon 1351 hatte sich Ludwig von Ungarn bereit erklärt, den Litauern im Falle der Annahme des Christentums eine eigene litauische Metropolie zu konzedieren. Auch Karl IV. war willens, darüber zu verhandeln. Als Verhandlungsort wurde Breslau bestimmt, nachdem der Erzbischof von Prag, Ernst von Pardubitz, an der Spitze einer Gesandtschaft, der u. a. auch der Deutschmeister, der oberste Gebietiger des Deutschen Ordens im Reich, angehörte, bereits Einzelheiten persönlich vereinbart hatte; der Kaiser selbst begab sich dorthin, aber der Abgesandte der litauischen Fürsten – Kynstute selbst erschien nicht, wie dies ursprünglich vorgesehen war – stellte so hohe Forderungen, daß der Kaiser sie nicht bewilligen konnte und die Verhandlungen abbrach. Ungeachtet dessen versuchten Kasimir III. und später Ludwig von Ungarn, die Litauerfürsten zur Annahme des abendländischen Christentums zu bewegen; aber auch diese Bemühungen scheiterten, wenn auch von einer Christenfeindschaft der Litauer nicht die Rede sein kann. Ein Sohn des Kynstute, Butawt (lit. Butautas), ließ sich 1365 in Königsberg taufen und trat sogar in den Dienst des Ordens, ging aber später an den Hof Kaiser Karls IV. und ist dort geblieben. Gewiß lagen hier politische Spannungen zwischen Vater und Sohn vor, die die Voraussetzung für einen so ungewöhnlichen Schritt gebildet haben müssen, denn Kynstute und seine Gattin Biruta (lit. Birutė), eine schemaitische Kleinfürstentochter, sowie deren Kinder blieben vorerst Heiden, sofern sie nicht christliche Fürsten heirateten, wie die beiden Töchter Anna und Elisabeth, die masowische Herzöge heimführten, und Maria, die dem Fürsten Iwan von Twerj angetraut wurde und zweifellos orthodoxe Christin geworden ist.

Die Stützen der litauischen Machtpolitik in dieser Glanzzeit seiner Geschichte waren jene Krieger, deren Vorfahren schon vor hundert Jahren die Bildung des litauischen Königreiches des Mindowe ermöglicht hatten: eine Schicht von kriegerischen Gefolgen, in den Quellen als „Ritter" (equites), „Krieger" (milites), „Waffenträger" (armigeri) u. a. bezeichnet, die sich größeren Burgherren für ihre Unternehmungen, anfangs wohl nur für eine bestimmte Zeit, zur Verfügung stellten, die ihre Entlohnung im Anteil an der Beute erhielten oder auch in der Burg des Herrn lebten und dort verpflegt und versorgt wurden. Im 14. Jahrhundert ist bereits eine soziale Differenzierung erfolgt, hat sich eine Berufskriegerschicht herausgebildet, deren Angehörige den Fürsten die Kriege führten, sie in Friedenszeiten berieten und den fremden Beobachtern z. B. den Ordenschronisten, als „die Fürnehmsten, die besten Manne" erscheinen. Daß sie über Besitz an Burgen und auch an Land verfügten, dürfte nicht zweifelhaft sein, ebenso, daß ihre Besitzungen vererbt wurden. Natürlich gab es innerhalb dieser vornehmsten Schicht, die man als Adel bezeichnen kann, Unterschiede nach Macht, Einfluß, Rang und Besitzumfang, so daß sich schon früh der Unterschied zwischen einem hohen und einem niederen oder Kleinadel abzeichnet. Der Adel hatte im 14. Jh. noch nicht das Bauerntum, das man sich als ursprünglich ebenfalls waffentragend und daher frei vorzustellen hat, unter seine Botmäßigkeit gezwungen. Aber eine Art von Grundherrschaft der adligen

Burgherren ist für das 13. Jahrhundert schon bezeugt, und mit dem Anwachsen der Macht vor allem der hohen Adelsgeschlechter, der Bajoren (lit. bajorai), wurde der Lebensraum des Bauerntums allmählich eingeengt, geriet dieses mehr und mehr in grundherrschaftliche Abhängigkeit. Gelang es ihm, sich vorerst noch davon frei zu halten, so wird dies in den Quellen ausdrücklich vermerkt. Die Abhängigkeit der übrigen Bauernschaft von den Bajoren bzw. vom Großfürsten bestand in der Entrichtung von Abgaben aller Art, während die Arbeiten auf den Gütern der Grundherren von unfreiem Hausgesinde und von Kriegsgefangenen verrichtet wurden und die Fronarbeit der Bauernschaft noch nicht bestand. Allerdings waren die Grenzen zwischen Bajoren, freien und abhängigen Bauern noch fließend, auch wenn der Aufstieg in die vornehmste Gruppe der Bajoren nur durch den Dienst am großfürstlichen Hofe oder im Auftrag des Großfürsten draußen im Lande möglich wurde. Olgerd scheint die vornehmen Bajoren niedergehalten zu haben; ihr Anteil am politischen Leben ist auffallend gering. Kynstute mußte sich, was in der Natur der Dinge lag, vor allem auf die schemaitischen Bajoren stützen, die die Hauptlast des Abwehrkampfes gegen den Deutschen Orden trugen, konnte also nicht, wie Olgerd, ihren Einfluß zurückdrängen. Sie sollten in den nächsten Jahrzehnten im Gegenteil weiter an Macht gewinnen.

Schon in der Zeit Gedimins wird von Gütern berichtet, die den Großfürsten gehörten. Er und seine Söhne haben diese Domänen dazu benützt, für die Erfordernisse ihres Hofes und ihrer Wirtschaft arbeiten zu lassen. Wie dies in den altrussischen Fürstentümern seit Jahrhunderten üblich war, so wurden auch in Litauen Dörfer planmäßig neu angelegt, deren unfreien Bewohnern bestimmte Aufgaben zugewiesen wurden. Es gab Beutnerdörfer, die lediglich Waldbienenzucht für die Bedürfnisse des großfürstlichen Hofes treiben durften — Honig ersetzte im Mittelalter den Zucker —, es gab Gestüte, Schäfereien, Dörfer von Biberzüchtern zur Gewinnung der kostbaren Pelze u. a. m. Sie lieferten die Handelsobjekte für den Warenaustausch mit den Kaufleuten aus Riga oder auch mit den Handelsbeauftragten des livländischen Ordens; dadurch gelangte westliches Importgut nach Litauen. Olgerd verdankten die Kaufleute aus Ost und West ein Privileg, das ihnen freien Handel im gesamten Großfürstentum zusicherte. Handelsmittelpunkte, die es in den altrussischen Fürstentümern an den großen Wasserwegen, am Dnjepr, an der Düna, an der Memel und anderwärts seit Jahrhunderten gab, entstanden auch in den litauischen Stammlanden in Anlehnung an großfürstliche Burgen, vor allem in Wilna, Kauen und Traken. Schon im 14. Jahrhundert gab es in Wilna eine Steinburg auf dem sog. Gediminberg, während die in altrussischer Weise auf dem gegenüberliegenden Berge errichtete, aus Holz und Erde bestehende Burg verschwand; noch im gleichen Jahrhundert wurden die zu Füßen des Gediminberges gelegenen Siedlungen mit einer Wehrmauer umgeben. Hier wohnten neben deutschen vor allem die altrussischen Kaufleute, die ihre eigene Marktkirche besaßen. Auch die aus dem Westen kommenden Handeltreibenden durften ihre dem hl. Nikolaus, dem Patron der seefahrenden Kaufleute geweihte Kirche errichten, die – wie auch die altrussische Kaufmannskirche – zugleich Warenlager und Tresor und nicht zuletzt Zufluchtsort im Falle von Gefahr für Leib und Leben bildete. Wann sie entstanden ist, ist nicht überliefert. Sie dürfte vielleicht schon unter Gedimin gegründet worden sein, hat sich bis in die Gegenwart erhalten und war zu Beginn des 20. Jahrhunderts das erste Gotteshaus, in dem Litauisch als Kirchensprache verwendet werden durfte. In ihren Bauelementen zeigt sie auffallende Eigentümlichkeiten, eine Begegnung westlicher frühgotischer und östlich-byzantinischer Stilformen; es entspricht dies der historischen Aufgabe des Großfürstentums Litauens, die unter Olgerd und Kynstute erkennbar wird: die Begegnung abendländischen und orthodoxen-ostslawischen Lebens und Glaubens auf seinem Boden zu ermöglichen.

V. JAGIELLO UND DIE UNION MIT POLEN

Im Sommer 1377 starb Olgerd. Seinem Wunsche folgend sollte ihm der älteste Sohn aus zweiter Ehe, Jagiello, als Großfürst in Wilna nachfolgen, während die anderen Söhne als Statthalter in den verschiedenen Teilfürstentümern der Osthälfte des Reiches eingesetzt waren. Kynstute machte seinem Neffen keine Schwierigkeiten, sondern bemühte sich, die bisherige gemeinsame Politik im Sinne seines toten Bruders fortzusetzen. Erste innenpolitische Spannungen ergaben sich, als die älteren Stiefbrüder gegen Jagiello revoltierten. Zwar gelang es, den beginnenden Aufruhr zu ersticken, allein Kynstute, der dem Neffen dabei geholfen hatte, versuchte nun selbst, dessen Politik zu beeinflussen. Dabei stieß er auf den Widerstand der Mutter Jagiellos, der einstigen Prinzessin Juliane von Twerj, die anfänglich als Mitregentin auftrat und sich der Unterstützung des altrussisch-orthodoxen Adels der östlichen Gebiete sicher wußte. Die Spannungen zwischen Oheim und Neffen wurden dadurch verstärkt, daß der Deutsche Orden die Gegensätze eifrig schürte; dem jungen Großfürsten stand ein Mann zur Seite, der zu den erbittertsten Ordensgegnern gehörte, ein Deutscher namens Hennike oder Hanul, der oder dessen Familie aus Riga stammte und der Stadthauptmann (capitaneus) Jagiellos in Wilna war. Zwar fanden sich Kynstute und Jagiello noch 1379 zu einem gemeinsamen Friedensvertrag mit dem Deutschen Orden zusammen. Aber der Orden wußte Jagiello geschickt gegen Kynstute einzunehmen und schloß 1380 Geheimverträge mit diesem, die ihm freie Hand in Schemaiten gewährten. Als Kynstute davon erfuhr, ergriff er Jagiello und Juliane (1381) und machte sich selbst zum Großfürsten. Jagiello wurde in das altrussische Fürstentum Witebsk abgeschoben. Skirgal (lit. Skirgaila), Jagiellos jüngerer Bruder, entfloh nach Livland. Nun wandte sich

Kynstute gegen das Ordensland, um den Orden für seinen Verrat zu strafen. Allein, Jagiello, Skirgal und deren jüngerer Bruder Korybut (lit. Kaributas) sammelten im Gebiet von Nowgorod-Sewersk Gefolgsleute, und während Kynstute sich aufmachte, um den drohenden Aufruhr mit Waffengewalt niederzuwerfen, eilten die drei Brüder auf anderen Wegen nach Westen; mit dem Deutschen Orden wurde ein Waffenstillstand vereinbart, Wilna, dann Traken genommen. Kynstute und sein Sohn Witowt knüpften Verhandlungen an, um eine Friedensregelung zu erreichen. Bei einem Zusammentreffen in der Burg von Wilna wurden Kynstute und Witowt von Jagiellos Mannschaft ergriffen. Witowt gelang die Flucht aus der Wilnaer Kerkerhaft ins Ordensland. Kynstute aber wurde in der südwestlich von Wilna gelegenen Burg Krewo im August 1382 ermordet.

Während Gedimin und sein Sohn Olgerd fast ausschließlich aus ihren Taten zu beurteilen sind und keine Quelle uns die Persönlichkeiten der beiden Männer schildert, ist das bei Kynstute schon etwas anders. Seine vielfältigen Berührungen mit dem Westen, vor allem mit dem Orden, brachten es mit sich, daß man ihn dort kannte. Als er ermordet wurde, muß sein Schicksal auch in Ordenskreisen Aufsehen und Anteilnahme erregt haben. „Derselbe Kynstute", schrieb ein Ordenschronist, „war ein streithaftig Mann und worhaftig (aufrichtig). Wenn er wolde reisen gen Preussen in das Land, das entbot er zuvor dem Marschalke (Ordensmarschall), und kam auch gewisse. Auch so er mit dem Meister (Hochmeister) einen Frede (Frieden) machte, den hielt er gar feste. Welchen Bruder des Ordens er auch irkannte (anerkannte) kune (kühn) und manhaftig, den liebete er und irzeigte ihm viel Ehre." Aus der Feder des Gegners gewinnt solche Kennzeichnung besonders Gewicht und bedeutet ein Lob des ritterlichen Feindes, der im Orden mindestens Achtung, wenn nicht gar Sympathie gefunden haben muß.

Jagiello war nun Alleinherrscher. Um den Umtrieben seines Vetters Witowt zuvorzukommen, schloß er gemeinsam mit seinem Bruder Skirgal im Oktober des gleichen Jahres 1382 mit dem

Deutschen Orden einen Vertrag, in dem er sich verpflichtete, das Christentum anzunehmen, und Schemaiten bis zur Dubissa an den Orden abtrat. Freilich hielt er sich nicht an die Abmachungen; als der Hochmeister des Deutschen Ordens, Konrad Zöllner von Rothenstein, im Sommer 1383 an die Memel kam, erschien der litauische Großfürst nicht, wie dies verabredet worden war, sondern versuchte Witowt, der im Ordenslande getauft worden war und mit Hilfe des Ordens väterliches Erbe wiederzuerlangen hoffte, auf seine Seite zu ziehen.

Der Grund für die Außerkraftsetzung des Vertrages mit dem Orden war die Möglichkeit einer Verbindung mit Polen, die sich seit 1383 abzeichnete. König Ludwig von Ungarn, der nach Kasimirs III. Tode (1370) auch die polnische Königskrone getragen hatte, war 1382 gestorben. Von seinen drei Töchtern überlebten ihn zwei; die ältere, Maria, wurde vom ungarischen Adel zur Königin von Ungarn erhoben und im Oktober 1382 in Buda gekrönt. Sie war mit dem jüngeren Sohne Karls IV., dem Markgrafen Sigismund von Brandenburg verlobt, der nach der Trauung mit ihr König von Ungarn wurde. Der polnische, vor allem der kleinpolnische Adel weigerte sich, Maria auch in Polen als Königin anzuerkennen, sondern bestand auf einer Lösung der unter Ludwig bestehenden Personalunion beider Reiche. Er wählte Hedwig (poln. Jadwiga), die im Winter 1373/74 geborene jüngste Tochter Ludwigs, zum König und ließ sie im Oktober 1384 in Krakau krönen. Sie war mit dem jungen Herzog Wilhelm von Österreich verlobt, allein ihre Mutter, Elisabeth, nahm Verbindung zu Jagiello von Litauen auf. Die junge Königin weigerte sich zunächst, Verhandlungen mit den Litauern zuzustimmen; sie fand Unterstützung bei einem Teil des polnischen Adels, der an eine Ehe mit Herzog Siemowit von Masowien dachte; die Habsburger schließlich versuchten, den mit Hedwigs Vater geschlossenen Ehevertrag durchzuführen, wobei Hedwig selbst ihnen entgegenkam und Wilhelm in Krakau aufnahm. Hier wurde in aller Heimlichkeit der Ehevertrag erneuert. Inzwischen war freilich die mit Wissen der Königinmutter Elisabeth von Ungarn nach Litauen abgefertigte Gesandtschaft polnischer Magnaten mit Jagiello übereingekommen. Bei den Verhandlungen spielte neben Skirgal auch jener Hennike oder Hanul eine Rolle, der als Stadthauptmann von Wilna Jagiello seit dessen Regierungsantritt nahestand; verschiedene Bestimmungen des Vertrages von Krewo, der am 14. August 1385 unterzeichnet wurde, richteten sich direkt oder indirekt gegen den Orden, der denn auch die Durchführung des Vertrages dadurch zu verhindern versuchte, daß er im August 1385 von Preußen und im Winter 1385/86 von Livland aus größere Heerzüge gegen Litauen unternahm, ohne den Abschluß des Vertrages auch nur aufhalten zu können. Der Vertrag verpflichtete Jagiello, sein Land der Krone Polen „auf ewig" anzugliedern (applicare), das römische Christentum anzunehmen und sein Volk taufen zu lassen sowie die Polen verlorengegangenen Gebiete auf eigene Kosten und mit eigenen Kräften wiederzuerlangen. Dafür sollte er die Königin Hedwig heiraten und zum König von Polen gekrönt werden. Schon wenige Monate nach der Unterzeichnung des Vertrages erschien Jagiello in Polen. In Lublin erklärten die polnischen Magnaten und die Vertreter des gesamten Adels, daß sie bereit seien, Jagiello als König anzunehmen. Am 14. Februar 1386 traf er in Krakau ein; am nächsten Tage wurde er vom Erzbischof von Gnesen auf den Namen Władysław getauft; am 18. Februar 1386 fand die Trauung mit der über 20 Jahre jüngeren Hedwig statt und am 4. März wurde er in der Kathedrale des polnischen Königsschlosses, des Wawel, zum König gekrönt. Rechtlich wurde er damit Hedwig gleichgestellt, die ja auch zum König von Polen (rex Poloniae) gekrönt worden war.

Die Zeitgenossen, selbst der von der Vereinigung Polens mit Litauen am meisten betroffene Deutsche Orden, scheinen die Tragweite des Vertrages von Krewo und der Krakauer Hochzeit nicht recht begriffen zu haben. Sie erschien ihnen als eine der damals nicht seltenen Verbindungen zweier Länder durch fürstliche Eheschließung oder Erbvertrag, die meist nicht von langer Dauer waren. Soeben erst hatte sich gezeigt, daß die Personalunion zwischen Polen und Ungarn unter der Regierung Ludwigs knapp 12 Jahre gewährt und seinen Tod nicht überlebt hatte. Aber die Vereinigung Litauens mit Polen hat nicht nur trotz gelegentlicher Lockerung über vier Jahrhunderte vorgehalten. Sie hat darüber hinaus einen Umschwung der politischen Lage in ganz Ostmitteleuropa zur Folge gehabt und ist, wie Leopold von Ranke mit Recht betont hat, „als das größte Ereignis anzusehen, welches seit dem Einbruch der Tataren (1240/41) die östliche Welt erschüttert hat". Der Zusammenschluß zweier an territorialem Umfang wie an politischer Macht so bedeutender Staatsgebilde mußte nicht nur für die Nachbarn — Ungarn, Böhmen, das Land des Deutschen Ordens, Moskau, die Tataren —, sondern auch für das gesamte sich jetzt allmählich herausbildende politische Mächtesystem Europas von größter Bedeutung sein; dieses Ereignis hat jede politische Überlegung seither bestimmt.

Allein, außer diesen allgemeinen geschichtlichen Auswirkungen bedeutet die Union Litauens mit Polen für die Litauer selbst den wichtigsten und entscheidendsten Einschnitt ihrer Geschichte. Sie ist dadurch in eine bestimmte, bis in die Gegenwart festgehaltene Richtung gelenkt worden. Dadurch, daß Litauen sich nicht dem orthodoxen Christentum ostslawischer Prägung öffnete, sondern der abendländischen, römisch-katholischen Kirche gewonnen wurde, ist es in seinem geistigen Habitus, seiner sozialen Struktur und seiner politischen Denk- und Handlungsweise auf das entscheidendste beeinflußt und bestimmt worden. Litauen wurde ein vollgültiges Mitglied der abendländischen Völker- und Staatenfamilie.

VI. JAGIELLO UND WITOWT

Der neue König von Polen wuchs mit der Thronbesteigung in ganz neue, ihm bisher fremde und seinen bisherigen geographisch-historischen Wirkungsraum weit überschreitende Aufgaben hinein. Es galt als erstes das Versprechen von Krewo einzulösen und die der Krone Polen verlorengegangenen Gebiete wiederzugewinnen: Rotrußland, das während der Regierungszeit Ludwigs von Ungarn praktisch von Ungarn verwaltet und zu diesem gerechnet worden war, wurde 1387 erneut und endgültig an Polen angegliedert. Die Oberhoheit über das bisher Ungarn unterstehende Fürstentum der Moldau wurde im gleichen Jahr gewonnen. Endlich wurde die Lehnshoheit über das schon seit langem nahezu selbständige Herzogtum Masowien bereits 1386 in Krakau wiederhergestellt.

Vor allem aber war das Verhältnis zum Deutschen Orden in Preußen, aber auch in Livland zu klären, denn davon hing nicht zuletzt Jagiellos Stellung zum und im Stammlande Litauen ab. Das Verhältnis zum Deutschen Orden wiederum war untrennbar verbunden mit dem Verhältnis zu dem energischen und zielbewußten Vetter Witowt. Schon zu Beginn des Jahres 1387 kehrte der neue König nach Litauen zurück, um hier die Maßnahmen zur Christianisierung der heidnischen Litauer einzuleiten. Darauf drängte die junge Königin Hedwig, deren ungewöhnlicher Persönlichkeit und politischen Vorstellungen Jagiello bis an ihren frühen Tod Rechnung tragen mußte. Am 17. Februar 1387 wurde das Bistum Wilna gegründet und entsprechend ausgestattet. Wenige Tage später folgte das Verbot der Mischehen zwischen neugetauften Katholiken und Orthodoxen, sofern diese nicht bereit waren, zu konvertieren. Damit zog Jagiello einen Trennungsstrich zwischen seinen ostslawischen Untertanen und den nunmehr zur römischen Kirche sich bekehrenden Litauern. Das mußte zu Spannungen führen. Um so wichtiger war unter diesen Umständen die endgültige Aussöhnung mit Witowt und die Eintracht im großfürstlichen Hause. Aber auch die eigenen Gefolgen, die Krieger, die Jagiello gedient hatten, mußten enger an die Person des Herrschers gebunden werden. Das war nur möglich, indem eine gewisse Angleichung der Rechte dieser Kriegerschicht an die Rechte des polnischen Adels erfolgte. Jagiello ist schon in seinem ersten Privileg vom 20. Februar 1387 den Wünschen seines Adels weit entgegengekommen.

Das Privileg, das an die Krieger oder Bojaren (armigeri sive bojari) gerichtet war, gab dem Adel das Recht, seine Güter zu vererben und bestätigte seine persönliche Freiheit. Die Adligen durften dazu Dienstgüter annehmen bzw. großfürstliche Güter verwalten. Dafür mußten sie auf eigene Kosten Heeresdienst zu Pferde leisten, Wachdienste auf den Burgen versehen und zum Wege-, Brücken- und Burgenbau beitragen sowie für den Unterhalt des Großfürsten und seine Beförderung von Ort zu Ort sorgen. Abgaben wurden im 14. Jh. noch in Naturalien entrichtet und wichen erst allmählich mit der aufkommenden Geldwirtschaft dem Gelde. Die Belastung der Bojaren und ihrer Hintersassen war recht drückend und unterschied sie damit noch vom polnischen Adel, der schon Jahrzehnte früher wesentliche Stücke der Abhängigkeit vom König abzuschütteln vermocht hatte. Daß seit dem Abschluß der Union von Krewo das Bestreben auch der litauischen Oberschicht dahin gehen werde, die Vorrechte des polnischen Adels zu erringen, war vorauszusehen.

Jagiellos Absicht, den Unionsvertrag effektiv zu machen, kam freilich diesen Bestrebungen entgegen. Er bemühte sich auch, das Verhältnis zu Witowt und zu seinem Bruder Skirgal zu regeln. Während er selbst den Titel eines „obersten Herzogs" (supremus dux) behielt, machte er Skirgal zum „Großfürsten" (principalis dux) und übertrug ihm die Regierung Litauens mit Sitz in dem ihm zugewiesenen Fürstentum Traken. Witowt erhielt Grodno, Brest, Drohiczyn u. a. Gebiete zugewiesen, geriet damit in engen Kontakt mit der ostslawischen Bevölkerung des Großfürstentums und trat sogar zur orthodoxen Kirche über. Seine Tochter Sophia vermählte er dem Großfürsten Wassilij I. von Moskau. Zwischen ihm und Skirgal kam es, nachdem Jagiello 1389 nochmals beide in Lublin miteinander versöhnt hatte, zu schweren Auseinandersetzungen. Wiederum floh er zum Deutschen Orden nach Preußen. Erst Jagiellos Eingreifen stellte den Frieden wieder her. Im Vertrag von Ostrów am 5. August 1392 wurde er zum Großfürsten (magnus dux) ernannt und Regent der Länder des Großfürstentums unter der Oberhoheit des Königs von Polen. Er trat nun auch offiziell wieder zur römischen Kirche über. Skirgal wurde in die ostslawischen Gebiete des Großfürstentums abgeschoben und erhielt seinen Fürstensitz in Kiew, wo er 1397 gestorben ist.

Witowt ist zweifellos eine der bedeutendsten Gestalten des Gediminidenhauses, ein Mann, der nicht nur über Tatkraft, Zähigkeit und Geschick in der Durchsetzung der eigenen politischen Absichten verfügte, sondern dem auch das Land Litauen während seiner Regierungszeit eine relative Unabhängigkeit von Polen verdankte. Er dehnte zudem seinen Herrschaftsbereich immer weiter nach Osten bis an die obere Oka aus, sicherte den Besitz von Smolensk, erreichte im Südosten die Schwarzmeerküste und wußte die ostslawischen Teilfürstentümer, die meist von Vettern verwaltet wurden, enger an die Wilnaer Zentrale heranzuziehen. Wo er seinen Willen nicht unbedingt durchzusetzen vermochte, wurden die Teilfürsten abgelöst durch Statthalter als direkte Beauftragte. Freilich fehlte es vorerst noch an einer Zentralverwaltung in Wilna; der großfürstliche Rat war noch keine Behörde geworden, bildete allerdings bereits den Ansatz zu einer solchen. In diesem Rat spielten die Bischöfe von Wilna und von Schemaiten — das Bistum wurde später als Wilna (1417) begründet —, die Wojewoden von Wilna und Traken eine bedeutende Rolle. Witowt versuchte, sich mehr auf den niederen Adel zu stützen, als Gegengewicht gegen den Hochadel, der in den Teilfürstentümern durchaus nicht immer mit der großfürstlichen Politik übereinstimmte. War diese doch auf hohe Ziele gerichtet. Selbst den großen, freilich durch innere Auseinandersetzungen geschwächten östlichen Nachbarn, die Goldene Horde der Tataren, griff Witowt an, schloß zu dem Zweck, sich im Rücken zu sichern, mit dem Deutschen Orden 1398 den Vertrag von Sallinwerder (eine Insel im Memelstrom), in dem er ihm vorbehaltlich der Zustimmung Jagiellos Schemaiten abtrat. Mit Unterstützung eines Ordenskontingents und polnischer Adliger sowie der päpstlichen Kurie in Rom — Papst Bonifaz IX. erließ sogar einen Kreuzzugsaufruf — begann der großangelegte Feldzug. Doch erlitt das Heer Witowts am 12. August 1399 an der Worskla, einem Nebenfluß des unteren Dnjepr, eine vernichtende Niederlage. Die geheime Absicht Witowts, sich durch einen Sieg über die Tataren noch mehr der Oberhoheit Polens zu entziehen, war damit gescheitert.

Die Folge war eine erneute engere Bindung an Polen[1]. Hier war am 17. Juli 1399, vier Wochen vor der Schlacht an der Worskla, die Königin Hedwig gestorben. Sie war nicht nur für die Aufrechterhaltung des Friedens mit dem Deutschen Orden und innerhalb des Großfürstentums Litauen eingetreten und hatte Witowt von dem Tatarenzug abgeraten, sondern auch für die Erhaltung der Union mit Litauen und hatte stets die Eingliederung dieses Landes angestrebt.

Nach ihrem Tode war Jagiello unbehindert in seinem Bemühen, mit Witowt zu einem Ausgleich zu kommen. Das Ergebnis war die *Union von Wilna und Radom* vom Jahre 1401. Nach Hedwigs Tode hatte es Stimmen gegeben, die Jagiello die Königswürde absprachen und für eine völlige Neuwahl eintraten. Jagiello selbst fürchtete um seine Stellung in Polen und war auf einen Ausgleich mit Witowt um so mehr angewiesen, als sein jüngerer Bruder Swidrigiello (lit. Švitrigaila), Fürst in Podolien, eine rege politische Tätigkeit zu entfalten begann, wobei er von Kreisen des polnischen Adels und vom Deutschen Orden unterstützt wurde. Swidrigiello bedrohte

---

[1] Vgl. dazu die Kleine Geschichte Polens von Gotthold Rhode (Darmstadt 1965).

vor allem auch Witowts Alleinherrschaft, so daß dieser sich ebenfalls zu einem Kompromiß genötigt sah. Schon 1404 schloß er mit dem Deutschen Orden unter Mitwirkung Polens den Friedensvertrag von Raciąż (Masowien), der Schemaiten vorderhand dem Orden beließ, während das Dobriner Land gegen eine Entschädigungssumme an Polen fallen sollte. Die in Wilna und Radom abgeschlossenen Verträge bestimmten, daß Jagiello als König von Polen und Großfürst von Litauen (supremus dux) Witowt als Inhaber der großfürstlichen Gewalt bis an seinen Tod anerkannte. Nach Witowts Tode sollte Litauen mit seinen Nebenländern an die Krone Polen fallen. Bemerkenswert war, daß in den beiden Vertragsurkunden der Adel als Garant der Union die Bürgschaft für die Einhaltung der Bestimmungen übernahm. Faktisch änderte sich an dem Verhältnis beider Staatsgebilde nur so viel, daß Jagiello nunmehr auf eine Regierung in Litauen verzichtete und sich und der Krone Polen, die als transpersonale Verkörperung des Staates auch jetzt wieder genannt wurde, nur die Oberherrschaft vorbehielt. Er zog sich auf die ihm nun allein aufgetragenen polnischen Angelegenheiten zurück. Freilich gab Witowt seinen Wunsch nach Unabhängigkeit von Jagiello auch in den folgenden Jahren nicht auf.

Die verlorene Schlacht an der Worskla hatte sein Ansehen im Osten in Mitleidenschaft gezogen. Smolensk fiel ab und mußte 1404 gewaltsam wiedergewonnen werden. Nach 1406 erhoben sich andere Teilfürsten und fanden Unterstützung bei Witowts Schwiegersohn Wassilij I. von Moskau. Bisher war Litauen unbestritten der Stärkere gewesen. Auch jetzt konnte Witowt 1409 die aufständischen Gebiete unterwerfen, während Moskau durch einen Tatareneinfall gelähmt war. Aber die Gefahr bestand weiter und der Gegensatz entzündete sich nicht zuletzt in den beiden unabhängigen Handelsrepubliken Nowgorod und Pleskau (Pskow) stets aufs neue, auch wenn die Partei Witowts sich zunächst gegenüber der moskowitischen durchzusetzen vermochte. Gerade dieser indirekte Kampf durch städtische Parteien in den beiden Handelsrepubliken läßt erkennen, daß die beiden großen Rivalen in Osteuropa, Litauen und Moskau, nicht von ihren Konzeptionen ließen: alle altrussischen Teilfürstentümer unter ihrer Herrschaft zusammenzufassen.

Inzwischen hatte der Konflikt zwischen Polen und dem Deutschen Orden immer heftigere Formen angenommen. 1402 hatte der Deutsche Orden die Neumark gekauft und damit weiterhin nach Südwesten Boden gewonnen. Hier standen gewisse polnische Ansprüche entgegen. Insbesondere der kujawische und großpolnische Adel drängte auf energisches Vorgehen gegen den Orden. In Schemaiten brach 1409 ein Aufstand gegen die Ordensherrschaft aus, und als Ulrich von Jungingen, der amtierende Hochmeister, Jagiello die Zusicherung abverlangte, er werde in einem drohenden Krieg gegen Litauen Witowt nicht unterstützen, gab der König eine ausweichende Antwort. Ulrich von Jungingen erklärte darauf Polen und Litauen den Krieg (August 1409). Ein Schiedsspruch König Wenzels von Böhmen (Februar 1410) wurde nicht eingehalten und im Juni begannen erneut die Kämpfe, in denen sich die Union Litauens mit Polen glänzend bewährte. Am 15. Juli 1410 wurde das Ordensheer bei Tannenberg (poln. Grunwald nach dem nahe gelegenen Dorf Grünfelde) vernichtend geschlagen. Der Hochmeister selbst fiel. Die Reste des Ordensheeres retteten sich unter Heinrich Reuß von Plauen in die Marienburg. Witowt, dessen Aufgebote die Entscheidung herbeigeführt hatten, zog bereits Anfang September aus dem Ordenslande ab. In Polen verdächtigte man ihn, er habe den Orden schonen wollen; in Wirklichkeit ging es ihm allein um seine eigene Machtstellung, die sich nicht zuletzt darin ausdrückt, daß er in dem Friedensvertrag zwischen dem Orden und Polen – Litauen vom 1. Februar 1411 (1. Thorner Friede) den Titel eines „Großfürsten" offiziell zugestanden erhielt. Lediglich Schemaiten mußte der Orden abtreten, das er ja doch nie recht eigentlich besessen hatte. Mehr wollte Witowt nicht. Sowohl der Orden als auch König Sigismund von Ungarn erkannten dies sehr wohl und versuchten, zwischen den beiden Vettern Mißtrauen zu säen. Nun aber meldete sich der Garant der Union von Wilna und Radom, der hohe Adel.

Auch Jagiello und nicht zuletzt Witowt selbst waren zu einer
Erneuerung des Unionsvertrages bereit. Sie kam in *Horodlo*
(am Bug) zustande (2. Oktober 1413). Das eigentlich Neue
dieser Union war die Tatsache, daß dem litauischen Adel
gestattet wurde, eigene Zusammenkünfte (parlamenta) mit dem
polnischen Adel abzuhalten, daß er über die Dienstgüter, welche
er vom Großfürsten besaß, frei verfügen durfte und daß er
nach Witowts Tode einen eigenen Fürsten wählen durfte. Darüber hinaus wurde der litauische Adel, soweit er katholisch war,
in die Wappenverbände des polnischen Adels aufgenommen.
Gerade diese Maßnahme ist es gewesen, die für die Zukunft
entscheidend geworden ist, denn sie manifestierte nach außen
hin die Gleichheit einer Schicht, welche nun auch in Litauen
in steigendem Maße den Staat zu verkörpern begann und jetzt
in den Sog der Polonisierung geriet. Weiterhin sollte die polnische Wojewodschaftsverfassung, d. h. die Form der Verwaltung,
wie sie sich in Polen entwickelt hatte, polnisches Ämterwesen
und eine dem polnischen Vorbilde nachgebildete Gerichtsverfassung, die den Einzelnen, vor allem den einzelnen Adligen,
vor großfürstlicher Willkür schützte, eingeführt werden. Man
fragt sich angesichts dieser weitgehenden Angleichung Litauens
an Polen, warum ihr Witowt zustimmte, dessen Ziel doch eine
weitgehende Verselbständigung Litauens war. Der Großfürst
hatte indes nicht umsonst die Bestimmung, daß die Litauer auch
nach seinem Tode einen Fürsten wählen sollten, durchgesetzt.
Damit war Litauens Selbständigkeit vorerst gesichert. Freilich
hatte nun der Adel seine Rechte ebenfalls ausgeweitet, aber da
der Großfürst jene Geschlechter auswählen konnte, die in
Wappengemeinschaft mit polnischen Adelsgeschlechtern traten,
mag er gehofft haben, durch Bevorzugung von ihm persönlich
Ergebenen auch weiterhin entscheidend auf sie einwirken zu
können. Nichtsdestoweniger ist unverkennbar, daß die Union
von Horodlo verschiedenen Tendenzen ihre Entstehung verdankt: der unionsfreundlichen der Polen, der nach Gleichberechtigung mit diesen strebenden des litauischen Adels, dem
Wunsche Witowts, Litauens Selbständigkeit garantiert zu sehen.

Es war ein Wechsel auf die Zukunft, die allein erweisen mußte, welche Tendenz sich schließlich durchsetzen werde.

Witowt selbst sah sich nach 1413 anderen Problemen gegenübergestellt, die es zu bewältigen galt. Der Frieden mit dem Orden war nur vorübergehender Natur. Witowt wußte das und errichtete Burgen an der Memel, die jeden Angreifer abschrecken sollten; dies veranlaßte den Orden, zunächst auf dem Prozeßwege sich Gehör zu verschaffen und Sigismund, den neuen römischen König, anzurufen. Im Beisein seines Abgesandten gerieten Witowt und der Ordensmarschall heftig aneinander und Witowt, der das Deutsche beherrschte, rief schließlich aus: „Preußen ist auch meiner Voreltern Besitz gewesen und ich will es beanspruchen bis an die Ossa, weil dies mein väterliches Erbe ist!" Es wird das sogenannte „historische Recht" angerufen, und alle bisherige vertragliche Bindung vom Tisch gefegt. Sigismund gab nach: sein Schiedsspruch fiel gegen den Orden aus. Freilich wurde zunächst der Krieg vermieden, Heinrich von Plauen durch den nachgiebigen Michael Küchmeister als Hochmeister ersetzt.

Inzwischen wandten sich aller Augen dem 1414 eröffneten Konstanzer Konzil zu. Hierher trugen Jagiello und der Orden ihren Streit. In scharfen Streitschriften und -reden wurde der gegensätzliche Standpunkt fixiert, wobei hinter den theologischen Begründungen die politische Absicht erkennbar wurde: der Rektor der Universität Krakau, Paulus Vladimiri, sprach dem Orden jede weitere Existenzberechtigung in Preußen ab und wandte sich gegen seine Methode, die Schwertmission. Der Vertreter des Ordens, der Dominikaner Johann Falkenberg, forderte in einem Sendschreiben die geistlichen und weltlichen Fürsten auf, die Polen und besonders Jagiello zu vertilgen, „da er der Hort des Bösen, ein Götze ist und alle Polen Götzendiener sind und ihrem Götzen Jagyel dienen". Die Tatsache, daß auf dem Konstanzer Konzil eine Abordnung getaufter Schemaiten erschien und in Schemaiten (mit Sitz in Medininkai) 1417 ein eigenes Bistum errichtet werden konnte, widerlegte diese Anschuldigungen nachdrücklich, und Papst Martin V. verurteilte Johann Falkenbergs Angriffe entschieden, auch wenn er die territorialen Ansprüche Jagiellos nicht unterstützte. Ein erneuter Schiedsspruch König Sigismunds (in Breslau am 6. Januar 1420 gefällt) wurde von Jagiello nicht angenommen. Er verbündete sich mit dem Markgrafen und Kurfürsten Friedrich I. von Brandenburg, dem ersten Hohenzollern in Berlin, und verlobte seine einzige Tochter Hedwig mit dem Kurprinzen Friedrich. Im Kriege von 1422 standen Polen und Litauen dem Orden und Sigismund gegenüber, doch konnten Jagiello und Witowt im Frieden am Melnosee (im Kulmer Land) vom 27. September 1422 verschiedene Ansprüche durchsetzen. Witowt erhielt Schemaiten auf ewig, dazu einen Küstenstreifen an der Ostsee bei Polangen. Die „Große Wildnis", welche im Verlaufe der Kämpfe zwischen dem Orden und Litauen entstanden war, wurde geteilt, der Grenzverlauf so festgelegt, wie er fast unverändert bis 1920 bestanden hat. Polen erhielt das Land Nessau auf dem linken Weichselufer. Garant des Friedens waren auf beiden Seiten die Stände, auch auf der Ordensseite übrigens, so daß die bisher von der Regierung des Ordenslandes ferngehaltenen preußischen Landstände erstmals in einem völkerrechtlichen Vertrag in Erscheinung traten. Das neu gewonnene Gebiet blieb im Besitz des Großfürsten und ist später planmäßig aufgesiedelt worden. Der Versuch des Ordens, Preußen mit seinen Besitzungen in Livland zu vereinigen, war endgültig fehlgeschlagen, Litauen sogar bis an die Ostsee vorgestoßen. Mit dem Ordenszweige in Livland waren die Beziehungen besser, zumal hier die Handelsinteressen nicht nur Rigas und der übrigen Ostseestädte auf der Düna, sondern auch die des Ordens selbst berührt wurden und Witowt alles tat, um den Handel und das städtische Leben zu fördern. In diesen Zusammenhang gehört die Verleihung des Magdeburger Stadtrechts an Kauen (1408) und die Regelung des Handels auf der Düna durch einen Vertrag mit Riga, in dem Polozk als Zentrum des Warenumschlags bestimmt wurde (1406).

In Kauen erhielten die Deutschen die Stadtwaage, die Tuchscherwerkstatt, die Wachsfabrik, die Schrotmühle, sowie das

Recht, Jahrmärkte abzuhalten, und Land im Weichbild, genossen also eine Ausnahmestellung, bildeten die Stadtgemeinde und schlossen sich gegen die deutschen Hansekaufleute ab. Erst 1463 hat Kasimir IV. das Magdeburgische Recht auf Litauer, Polen und (Weiß-)Russen (Rutheni) ausgedehnt. Schon seit dieser Zeit muß ein Hansekontor in Kauen bestanden haben, das erst 1533 geschlossen worden ist. Es ist nicht zuletzt der Konflikt zwischen den „einheimischen" Deutschen und den Hansen gewesen, der eine rechte Entfaltung dieses Kontors nicht zuließ. Das Kauener Deutschtum hat im übrigen alle Wechselfälle der folgenden Zeit überdauert.

Die letzten Jahre Witowts waren Problemen gewidmet, die ihn schon bei dem Kampf um sein väterliches Erbe beschäftigt hatten. Die Erfolge gegenüber dem Orden hatten sein Ansehen nicht nur bei seinen eigenen ostslawischen Untertanen, sondern auch in den beiden Handelsrepubliken Nowgorod und Pleskau gehoben. Als Wassilij I. von Moskau im Jahre 1423 sein Testament machte, bestimmte er Witowt zum Schutzherrn über seine Gattin und seinen noch kleinen Sohn Wassilij II. Als er 1425 starb, schien sich Witowt die Möglichkeit zu eröffnen, im Osten seine Vorherrschaft endgültig zu befestigen. Noch im gleichen Jahr unterwarf er das Fürstentum Rjasan. Freilich mißlang der Versuch, Pleskau zu unterwerfen. Dafür gewann er die zwischen Moskau und Litauen schwankenden kleinen Fürstentümer an der oberen Oka und nahm die Unterwerfung von Twerj, dem alten Rivalen Moskaus, entgegen. Kein Zweifel, daß Witowt die Herrschaft über ganz Altrußland, die einstige Kiewer Rus, anstrebte, und in einem Brief an den Hochmeister des Deutschen Ordens 1427 betonte er, daß Kiew, „ein Haupt von alters aller Russischen Lande", seiner Herrschaft unterstehe. Auch gegenüber den Tataren konnte er sich behaupten und sogar politischen Einfluß bei ihnen durchsetzen. Tatarische Adlige mit ihren Leuten nahmen Dienste bei ihm; er siedelte sie im Landesinneren an, z. B. um Traken, wo sie bis ins 20. Jh. hinein als Mohammedaner (Karaimen) sich erhalten haben, oder verwandte sie als Grenzwächter. Seine Beziehungen zum Fürstentum der Moldau, die Förderung, die er Chadschibey (später Odessa) und Belgorod (tatar. Akerman, rumän. Cetatea Alba) zuteil werden ließ und wie er den Handel dieser Schwarzmeerhäfen mit Genua zu beleben suchte, die Energie, mit der er durchaus selbständig, z. T. in Konkurrenz zu Jagiello, z. T. in Absprache mit ihm, den ungarischen Einfluß in diesen Gebieten bis zur Drohung einer Einigung mit den Türken bekämpfte, lassen deutlich werden, welchen Riesenraum das politische Wirken Witowts umfaßte.

Selbst in Böhmen fand sich eine Partei, die daran dachte, nach dem Tode König Wenzels und dem ersten großen Hussitenaufstand (1419) nicht Sigismund von Ungarn, den römischen König, sondern entweder Jagiello oder Witowt zum König zu wählen. Sigismund, ein Neffe Jagiellos und Witowts, übernahm die Statthalterschaft im Namen Witowts (1422). Der 1423 zu Käsmark zwischen Jagiello, Witowt und Kaiser Sigismund geschlossene Friede ließ die Absicht auf die böhmische Krone, falls sie jemals ernsthaft bestand, zerrinnen. Dagegen rückte die Möglichkeit für Witowt, die Königskrone zu gewinnen und damit Litauen dem umfang- und machtmäßig kleineren Polen gleichzustellen, am Ende seines Lebens in nächste Nähe. Schon einmal, 1398, hatte er sich von seinen Bojaren zum König ausrufen lassen, verzichtete aber zugunsten einer Aussöhnung mit Jagiello darauf. Als Jagiello und er mit Kaiser Sigismund Anfang 1429 in Luzk zusammentrafen, um die zwischen Litauen, Polen, Ungarn, Böhmen und dem Reich schwebenden Fragen zu besprechen, haben vor allem Sigismund und Witowt über die Verleihung der Königskrone verhandelt. Jagiello war zunächst nicht dagegen, zumal er selbst im Gegensatz zu dem erbenlosen Witowt seit kurzem aus seiner vierten Ehe einen Sohn hatte, die Königswürde für den hochbetagten Witowt also nur eine Ehrung gewesen wäre. Indes widerstrebten die polnischen Ratgeber, unter ihnen der junge Zbigniew Oleśnicki, heftig und erklärten, damit werde die Union zerbrechen. Die Verhandlungen in Luzk führten zu keinem greifbaren Ergebnis. Sigismund selbst wollte in der Erhebung Witowts zum König nicht nur Polen einen Schlag versetzen, sondern das Recht des römischen Königs, des Anwärters auf die Kaiserkrone, Könige zu erheben, nochmals gegenüber dem Papsttum und allen Zweiflern betonen.

Im August 1430 wurde die Krongesandtschaft abgefertigt. Witowt lud Gäste aus aller Welt, darunter seinen Enkel, den jungen Großfürsten Wassilij II. von Moskau, zur Krönung nach Wilna ein, die am 8. September stattfinden sollte. Aber die Gesandtschaft wurde in Polen abgefangen, und obgleich Sigismund eine zweite abzusenden versprach, ist nichts aus dem Plan geworden.

Am 27. Oktober 1430 starb der achtzigjährige Witowt und mit ihm die Hoffnung auf ein großes litauisches Königreich. Auf dem Totenbette noch empfahl Witowt seinem Vetter Jagiello, der zu einer persönlichen Aussprache nach Wilna gekommen war, den Schutz seines Landes und seiner Familie. Vieles von den Plänen des gewaltigen Mannes, der seinen Vetter Jagiello an Bedeutung gewiß überragte, ist unvollendet oder undurchführbar geblieben. Als Witowt versuchte, für Litauen ein eigenes Erzbistum zu erhalten, dessen Sitz nur Wilna sein konnte, ist er damit ebenso gescheitert, wie in dem Bemühen, für die orthodoxen Gebiete eine eigene, von dem Metropoliten in Moskau unabhängige Metropolie zu errichten. Nur vorübergehend (1405–1420) hat sich in Kiew ein eigener, von den Bischöfen des Landes anerkannter Metropolit halten können. Vollends gescheitert ist Witowt in dem Bemühen, eine Kirchenunion durchzuführen. Aber es war damit ein Problem aufgegriffen, das später die Gemüter erneut erregen sollte. Es ist Witowt auch nicht gelungen, im Innern den Einfluß des hohen Adels zurückzudrängen, dessen entscheidende Rolle er in Polen vor allem in den letzten Jahren zu beobachten Gelegenheit bekam. Die Förderung des Städtewesens und die rechtliche Sicherung der Bürger, Anfänge einer Zentralverwaltung und endlich die Weckung erster Ansätze eines auch in der Geschichtsschreibung sich niederschlagenden politischen Eigenbewußtseins bezeichnen die nachhaltigste Leistung. Sie konnte nicht ausreifen, weil der Erbe fehlte, der sie mit Witowts Energie, in seinem

Geiste hätte fortsetzen können. Daher liegt über dem Lebenswerk Witowts, dem moderne litauische Historiker den Beinamen „der Große" gegeben haben, der Schatten tiefer Tragik.

Jagiello hielt sich nach Witowts Tode nicht an die Abmachungen von Horodło, die den Litauern die Wahl ihres Großfürsten verbrieften, sondern setzte seinen jüngsten Bruder Swidrigiello (lit. Švitrigaila) als Großfürsten in Wilna ein. Damit war das Zeichen zum inneren Zerwürfnis gegeben. Als die Polen unter Oleśnicki das zu Litauen gehörende Podolien besetzten, warf sich ihnen Swidrigiello entgegen, knüpfte zugleich Verbindung mit Kaiser Sigismund und dem Orden an und hielt Jagiello in Litauen fest. Wiederum wurde die Krönung des litauischen Großfürsten zum König in Aussicht genommen. Es gelang jedoch, Swidrigiello zunächst zu einem 1431 in Luzk geschlossenen Waffenstillstand zu zwingen. Erste Auswirkungen der Union von Horodło zeigten sich darin, daß in Litauen eine unionfreundliche Partei zur Aktion gegen Swidrigiello aufrief und den jüngeren Bruder Witowts, Sigismund, bislang Verwalter des Fürstentums Starodub, für sich gewann. Im August 1432 wurde Swidrigiello gefangengenommen und Sigismund zum neuen Großfürsten gewählt. Im Herbst 1432 erhielt er durch eine polnische Gesandtschaft mit Zbigniew Oleśnicki an der Spitze im Namen König Władysław-Jagiellos die Großfürstenwürde, trat Podolien und Teile Wolhyniens mit Luzk an Polen ab und verzichtete sowohl auf alle Bemühungen um die Königskrone wie auf eine eigene Außenpolitik. Der Versuch, durch Gleichstellung der orthodoxen Bojaren mit den Katholiken Swidrigiello Anhänger zu nehmen, scheiterte an dem Widerstande Jagiellos. Freilich erteilte Sigismund als Großfürst von Litauen am 6. Mai 1434 dem Adel seines Landes ein Privileg; darin wurde der hohe Adel der ostslawischen Gebiete, insbesondere die Fürsten, ausdrücklich in die Schicht der Privilegierten aufgenommen. Dadurch wurde nicht zuletzt eine Zentralisierung bewirkt und die mögliche Anhängerschaft Swidrigiellos geschwächt. Am wichtigsten war die Bestimmung, daß die bäuerlichen Hintersassen auf den Besitzungen des Adels keine Naturalabgaben (dziakło) mehr an den Großfürsten leisten sollten. Damit begab sich dieser erheblicher Einkünfte. Die Folge mußte eine intensivere Nutzung der großfürstlichen Eigenbesitzungen, der Domänen, sein. Das Bauerntum aber geriet damit in Abhängigkeit von den Großgrundbesitzern. Diese wußten sich weiter gegen den Großfürsten dadurch zu sichern, daß festgestellt wurde, der dürfe keinen Adligen ohne vorheriges Gerichtsurteil bestrafen, eine Bestimmung, die Jagiello 1425 dem polnischen Adel hatte zugestehen müssen. Zwar war sie hier für den Fall gedacht, daß die Parteigänger Swidrigiellos auf Sigismunds Seite treten würden, aber unverkennbar ist doch auch die Einwirkung des polnischen Vorbildes.

Kurz nach Erteilung dieses Adelsprivilegs durch den Großfürsten Sigismund ist der alte Jagiello am 1. Juni 1434 in Gródek (Rotrußland) gestorben. Die Geschichtsschreibung der von ihm beherrschten Länder sowie in Deutschland und Rußland hat ihn verschieden beurteilt. Mit Recht ist von litauischer Seite darauf hingewiesen worden, daß sein Entschluß zur Union von Krewo eine für Litauen unheilvolle Entwicklung eingeleitet habe, daß er im Gegenteil durch seinen zeitweilig offenen Kampf gegen Witowt und die von ihm geschaffene polnische Oberhoheit über Litauen dieses daran gehindert habe, sich voll zu entfalten. Allerdings war er eher eine passive als aktive Natur; weitausgreifende Pläne waren ihm fremd. Der Haß, dem er innerhalb des Ordens begegnete und dem Johann Falkenberg auf dem Konstanzer Konzil so beredten Ausdruck verlieh, traf eigentlich den Falschen, denn Jagiello war nicht nur ein frommer Christ, wie sich aus mancherlei Zeugnissen ergibt, er wurde auch zu seinen Auseinandersetzungen mit dem Orden gedrängt und war gerne bereit, sie durch Vertrag oder Schiedsspruch beizulegen. Während Witowt von dem Willen nach Macht und Einfluß beherrscht war und sein Ehrgeiz ihn schließlich nach der Königskrone greifen ließ, um die verhaßte Abhängigkeit von Polen abzuschütteln, eine dem königlichen Vetter ebenbürtige Stellung einzunehmen, lag derartiges Jagiello fern. Eine im Grunde friedfertige Natur, wurde gerade er vom

Schicksal ausersehen, eine die Geschichte Litauens und Polens, darüber hinaus ganz Europas einschneidend verändernde Tat zu vollbringen.

Mit seinem Tode endete das „Heldenzeitalter" der Geschichte des mittelalterlichen Großfürstentums Litauen. Glanz und Größe, aber auch Tragik und Verhängnis der Geschichte des litauischen Landes und Volkes treten vor allem im 13., 14. und dem beginnenden 15. Jahrhundert vor Augen und verkörpern sich in den beiden Vettern Witowt und Jagiello[1].

---

[1] Wir wählen bewußt seinen polnischen Namen. Die von litauischen Historikern gebrauchten Formen sind moderne Konstruktionen und ohne Zeugnis in den Quellen.

VII. LITAUEN IM 15. JAHRHUNDERT
(1430—1506)

Der Tod Jagiellos nahm nicht nur Polen den Herrscher, sondern auch Litauen den Oberherrn. Jagiellos erst zehnjähriger ältester Sohn Władysław III. (1434—1444) war völlig dem Einfluß des Regentschaftsrates mit Zbigniew Oleśnicki an der Spitze preisgegeben. In Litauen tobte der Bürgerkrieg zwischen Sigismund und Swidrigiello und zog sich bis 1438 hin. Sigismund konnte Swidrigiello militärisch besiegen (am 1. September 1435 an der Šventoji ca. 10 km vom heutigen Ukmergė); der zwischen diesem und dem Deutschen Orden am 31. Dezember 1435 in Brest (Litowsk) abgeschlossene Bündnisvertrag erwies sich als wirkungslos. Swidrigiello wurde nach und nach aus allen seinen Besitzungen verdrängt. Schließlich floh er bis an die Grenze der Moldau. Hier erfuhr er, daß Sigismund am 20. März 1440 ermordet worden war. Damit ergab sich die Frage, ob das erledigte Großfürstentum an den jungen König von Polen fallen oder ob der Adel Litauens sich einen neuen Großfürsten wählen werde. Oleśnicki kam allen derartigen Versuchen zuvor und entsandte den jüngeren Bruder Władysławs III., den dreizehnjährigen Prinzen Kasimir, als königlichen Statthalter nach Wilna. Der hohe litauische Adel wählte indes Kasimir am 29. Juni 1440 zum Großfürsten von Litauen. Trotz polnischen Protests wurde damit praktisch die Union aufgehoben. Władysław III., seit 1440 auch König von Ungarn, weilte fern in Stuhlweißenburg und war in innerungarische Auseinandersetzungen verwickelt. In Schemaiten brach ein Aufstand gegen Kasimir aus, Swidriegello konnte sich Wolhyniens mit Luzk bemächtigen, obgleich er im Juni 1440 im Vertrag von Tłumacz die Oberherrschaft Polens anerkannt und sich mit Besitz und Titel eines Fürsten (dux) von Gródko begnügt hatte.

Zwischen den Litauern und Herzog Bolesław von Masowien brach ein Krieg um das Grenzgebiet von Drohyczyn aus, das Bolesław widerrechtlich besetzt hatte, schließlich aber an Litauen zurückgeben mußte. Um die Einheit Litauens nicht zerbrechen zu lassen, brachten die litauischen Bojaren einen Ausgleich zwischen Kasimir und Swidrigiello zustande (1442). Als König Władysław III. am 10. November 1444 bei Warna gegen die Türken gefallen war, löste sich die zweite polnisch-ungarische Union wieder auf. Nun wandten sich die polnischen Magnaten 1445 an Kasimir und boten ihm die polnische Krone an, doch hielt sich dieser, beraten von Swidrigiello und dem großfürstlichen Bojarenrat, zunächst durchaus zurück. Erst als die Gefahr einer ernsthaften Gegenkandidatur auftauchte[1], stimmte Kasimir unter der Bedingung, daß Litauen selbständig bleibe, zu. Der *Unionsvertrag von Brest* (17./19. September 1446) sah lediglich eine Personalunion vor, indes die beiden Staatsgebilde unabhängig nebeneinander bestehen blieben. Kurz vor seiner Krönung, am 2. Mai 1447, verbriefte Kasimir IV. Litauen nicht nur die Selbständigkeit, sondern auch seinen Territorialbestand. In den seit Witowts bzw. Jagiellos Tode verflossenen Jahren hatte sich der Adel als die Klammer erwiesen, die das Großfürstentum trotz der Rivalitäten im großfürstlichen Hause zusammengehalten hatte. Folgerichtig erhielt er in diesem Privileg weitere Rechte: der Schutz vor großfürstlicher Willkür wurde ausgebaut, die vom Großfürsten verliehenen Güter, auch die aus der Zeit Witowts und Sigismunds stammenden sogenannten „ewigen Schenkungen" zum Eigentum der Beliehenen erklärt und außerdem das Erbrecht der weiblichen Nachkommen garantiert. Die Bauern gerieten weiter in Abhängigkeit von den Grundbesitzern: der Großfürst verzichtete auf die bisher noch geleistete Geldabgabe (Silberzins, serebščina) und eine Reihe von Dienstleistungen. Er verpflichtete sich, keine Bauern, die von den Adelsgütern oder den städtischen Gütern flüchteten, auf den Krondomänen aufzunehmen. Auch der Adel verpflichtete sich zwar, keinen

---

[1] Vgl. dazu G. Rhode, Kleine Geschichte Polens (Darmstadt 1965).

Flüchtlingen von großfürstlichen Besitzungen Zuflucht zu gewähren, doch waren Fälle der Flucht von Bauern auf Adels- oder Stadtgüter verhältnismäßig selten, weil im allgemeinen die geforderte Arbeitsleistung auf den Krondomänen geringer war. Eine erste Beschränkung der bäuerlichen Freizügigkeit trat ein. Außerdem wurde den Großgrundbesitzern die niedere Gerichtsbarkeit über ihre bäuerlichen Hintersassen übertragen. Das Band, das den Großfürsten mit den bäuerlichen Untertanen verbunden hatte, wurde damit durchschnitten. Daß in den Ämtern nur Landeskinder beschäftigt werden sollten, hatte schon Sigismund 1434 zugesagt. Ungeachtet dessen waren Polen in hohe Ämter, nicht zuletzt der kirchlichen Hierarchie, hineingekommen. Hier sollte einem Umsichgreifen polnischen Einflusses gesteuert werden. Ohnehin wurden die polnischen Ansprüche auf Wolhynien und Podolien stillschweigend zurückgewiesen. Als der greise Swidrigiello 1452 in Luzk starb, wurde dieses Litauen und nicht Polen zugewiesen.

Kasimir IV. hat am Anfang der langen Regierungszeit, die ihm beschieden war, Litauens Stellung auch im Osten halten und sogar ausbauen können, zumal es unter Wassilij II. von Moskau, dem Enkel Witowts, dort zu harten inneren Kämpfen kam. Ein Grenzvertrag hielt 1449 fest, was erreicht war, wobei auch eine Abgrenzung der Interessensphären Moskaus und Litauens in der Weise erfolgte, daß dieses in Twerj, jenes in Nowgorod und Pleskau dominieren sollte. Im Rivalitätskampf zwischen Moskau und Litauen war damit eine Wende erreicht: das litauische Vordringen nach Osten wich der Bewahrung des Erreichten. Die Initiative ging nun auf Moskau über.

In den folgenden Jahrzehnten wurde Kasimir IV. von den politischen Ereignissen im Westen nahezu gänzlich in Anspruch genommen. 1466 konnte er dem Orden nach einem 13jährigen Kriege den 2. Thorner Frieden (19. Oktober 1466) aufzwingen, durch den Westpreußen und Pommerellen mit Danzig, das Kulmer Land und das Bistum Ermland der Ordensherrschaft entzogen wurden. Da Kasimir IV. eine Habsburgerin, Elisabeth, von Mutterseite Enkelin Kaiser Sigismunds, geheiratet hatte, geriet er in das politische Spiel um Böhmen und Ungarn hinein. Für seinen ältesten Sohn Władysław erwarb er 1471 die böhmische Krone. Auch Ungarn wurde von ihm beansprucht und 1490 konnte Władysław mit der Stephanskrone in Stuhlweißenburg gekrönt werden.

An diesen Vorgängen war Litauen, in dem sich der oberste Rat des Großfürsten zu einer Oligarchenregierung zu entwickeln begann, kaum beteiligt. Die Selbständigkeit des Landes zeigte sich nicht zuletzt darin, daß die außenpolitischen Interessen andere waren. Moskaus Aufstieg vollzog sich nach Überwindung der einzigen größeren Kämpfe innerhalb der großfürstlichen Familie unaufhaltsam. Schon Wassilij II., vor allem aber sein Sohn Iwan III. (1462–1505) dehnten den Herrschaftsbereich Moskaus weit nach Westen aus. 1471 fiel Nowgorod, nachdem schon vorher ein Teil der kleinen Fürstentümer an der oberen Oka, aber auch das bedeutendere Rjasan angegliedert worden waren. Zur großen Unzufriedenheit der litauischen Magnaten ließ Kasimir dies geschehen. Er kam erst 1479 für einige Jahre nach Wilna; ein Bündnis mit den Tataren gegen Moskau, schon 1472 einmal abgesprochen, konnte sich nicht auswirken, da Kasimir wiederum nichts tat. Dies gab Iwan III. von Moskau die Gelegenheit, 1480 die seit 1240 bestehende tatarische Oberherrschaft endgültig abzuschütteln. Mit dem Khan der Krim, einem der Nachfolger der in Teilreiche zerfallenen Goldenen Horde, verbündete sich Iwan III. nunmehr regelmäßig, um Litauen schwer zu schädigen. Seit 1486 herrschte offener Krieg zwischen den Nachbarn, der Moskau immer neue Gewinne brachte. Während dieser vor allem die Ostgebiete des Großfürstentums arg mitnehmenden Kämpfe ist Kasimir IV. am 7. Juni 1492 in Grodno gestorben.

Im Laufe seiner Regierungszeit kündigt sich die Rolle an, die Litauen in den drei nachfolgenden Jahrhunderten innerhalb des Doppelreiches spielen sollte: die eines Nebenlandes, dessen Lebensinteressen keineswegs mit denen Polens übereinstimmten. Noch hatte es zwar sein bedeutendes politisches Eigengewicht; noch handelte es sich um eine mehr oder weniger lose Verbindung zweier Staatsgebilde unter einem gemeinsamen Herrscher, aber es zeigte sich in zunehmendem Maße, daß Litauen die Union mit Polen ein langsames Absinken seines politischen Ansehens kostete.

Dies mag der Grund dafür gewesen sein, daß der Bojarenrat in Wilna darauf bestand, der Großfürst müsse im Lande weilen. Er wählte daher nicht Kasimirs IV. nach seinem Tode zum König erhobenen dritten Sohn Johann Albrecht zum Großfürsten, sondern dessen jüngeren jetzt 32jährigen Bruder Alexander, der am Totenbette des Vaters in Grodno geweilt hatte. Kurz nach seiner Wahl am 20. Juli 1492 erließ Alexander ein neues Privileg für den Adel seines Landes (6. August 1492). Darin wurde das Privileg von 1447 erneuert, aber auch eine Reihe von neuen Bestimmungen aufgenommen. Die wichtigste war die, daß dem großfürstlichen Rat Einfluß auf die Außenpolitik gesetzlich zugesichert wurde: der Großfürst verpflichtete sich, in allen Angelegenheiten, die das Gemeinwohl betrafen, erst nach Aussprache mit seinen Räten Gesandtschaften ins Ausland abzufertigen. Ausdrücklich sagte Alexander zu, alle bestehenden Verträge zu halten, die Beschlüsse des großfürstlichen Rates zu respektieren und Opposition gegen seine eigenen Ansichten nicht zu verfolgen. Ohne Zustimmung der Räte sollte der Großfürst niemanden aus seinem Amt entfernen oder im Falle der Untreue ohne gerichtliches Verfahren bestrafen dürfen. Ferner durften die geistlichen und weltlichen Würden nicht gegen Entgelt vergeben werden. Die unteren Ämter sollten unter Mitwirkung der Palatine von Wilna, Traken und der anderen Wojewodschaften besetzt werden. Damit wurde dem Großfürsten nicht nur die Möglichkeit genommen, die niederen Beamten gegen die höheren auszuspielen, sondern überhaupt alle Staatsämter nach seinem Gutdünken zu besetzen, ganz abgesehen davon, daß er der Einnahmen aus dem Ämterkauf verlustig ging. Der hohe Adel — von ihm allein, den barones und consiliarii, sowie den Prälaten ist die Rede — war nicht nur befugt, auf dem Reichstage (conventio generalis) von seinem Mitwirkungsrecht an Gesetzgebung, Rechtsprechung, Ämterbesetzung usw. Gebrauch zu machen, sondern er sicherte sich gegen den Aufstieg von Leuten aus den unteren Schichten dadurch ab, daß er ausdrücklich „die Plebejer", d. h. Nichtadlige, z. B. Bürger, von den Staatsämtern ausschließen ließ und daß er weiterhin die Ehe zwischen Litauerinnen und Ausländern (d. h. in erster Linie Polen) dadurch einzuschränken suchte, daß mit Abschluß einer solchen Ehe das Erbrecht an den väterlichen Gütern verlorenging. Dies ist ein Zeichen dafür, daß bereits Ende des 15. Jh.s solche Ehen keine Seltenheit waren und der hohe Adel sich gegen das Eindringen von Polen schützen wollte.

Das Privileg von 1492 nennt die untere Schicht des Adels, den Militärdienst leistenden, oft bäuerlich lebenden Kleinadel, noch nicht. Es ist ein Privileg für den hohen, den großfürstlichen Rat bildenden Adel, das Magnatentum, der sich auf allen Gebieten die Mitwirkung gesichert hatte. Auch Litauen war damit auf dem Wege zur Adelsrepublik. Dem Großfürsten verblieben eingeschränkte Regierungskompetenzen und als materielle Basis seine freilich sehr umfangreichen Domänen.

Alexanders Außenpolitik ist dadurch gekennzeichnet, daß er Iwan III. von Moskau aufzuhalten versuchte. Er heiratete 1495 Helene, die Tochter Iwans III., die auch nach ihrer Verheiratung der orthodoxen Kirche angehörte. Damit war aber nicht mehr erreicht, als daß nun Iwan III. sich das Recht nahm, in innerlitauische Dinge hineinzureden und zu behaupten, daß seine Tochter um ihrer Religion willen verfolgt werde. Von 1500—1503 herrschte offener Krieg, der mit einer Niederlage der litauischen Truppen an der Wiedroscha bei Dorogobusch (nordöstlich Smolensk) endete. In diesem Kriege verbündete sich Litauen mit dem Deutschen Orden in Livland, dessen großer Landmeister Wolter von Plettenberg die Russen Iwans III. am 13. September 1502 am Smolina-See schlug. Alexander selbst war durch den Tod König Johann Albrechts von Polen (1501) beansprucht, ging im Herbst 1501 nach Polen und wurde dort am 4. Oktober zum König gewählt. Die Regierung Litauens fiel dem großfürstlichen Rat zu. Der von ihm geführte Moskauer

Krieg endete mit einem am 22. März 1503 geschlossenen Waffenstillstand, durch den Moskau weitere Gebiete im Westen gewann und nördlich von Kiew erstmals den Dnjepr erreichte. Damit war eine weitere Etappe im Ringen zwischen Litauen und Moskau um die Führung in Osteuropa erreicht. Hatte Kasimir IV. noch den Status quo zu halten vermocht, so mußten die Litauer unter Alexander schwere Verluste an Land und Prestige hinnehmen. Moskau hatte eindeutig das Übergewicht gewonnen, und als Iwan III. starb, der als erster gelegentlich den Titel eines Zaren geführt und durch seine Ehe mit der Nichte des letzten byzantinischen Kaisers, Zoe, an die Tradition des oströmischen Kaisertums angeknüpft hatte, war Moskau bereits der Adelsrepublik Litauen weit überlegen.

VIII.
LITAUEN UNTER DEN LETZTEN JAGIELLONEN

In einer Vereinbarung vom Mai bzw. Juli 1499, die in Krakau und Wilna abgeschlossen wurde, waren der Senat Polens und der großfürstliche Rat Litauens übereingekommen, ohne Wissen des Partners keinen König bzw. Großfürsten zu wählen. Schon vor seinem Tode hatte Alexander den jüngsten Bruder Sigismund (geb. 1467) zum Nachfolger in Litauen bestimmt, der bisher das kleine schlesische Fürstentum Glogau verwaltet und dort und seit 1504 als in böhmischem Auftrage handelnder Landeshauptmann von Schlesien zwar weniger Erfahrungen in der großen europäischen Politik, als vielmehr in der inneren Verwaltung zu sammeln vermocht hatte. Die Beauftragung mit der Nachfolge seines Bruders in Litauen veranlaßte ihn, sich sofort nach Wilna zu begeben, wo er freilich erst nach Alexanders Tode (am 19. August 1506; Alexander wurde in Wilna bestattet) eintraf. Er kam gerade noch rechtzeitig, um den Anspruch des Großfürsten Wassilij III. von Moskau, des Bruders der Witwe Alexanders, zurückzuweisen, der sich auf eine Partei im Lande stützen konnte. An deren Spitze stand der Fürst Michael Glinskij, eine zwielichtige Persönlichkeit, die am Hofe des Großfürsten Alexander eine bedeutende Rolle gespielt hatte und nun um seine Stellung fürchtete. Dessenungeachtet rief die Mehrheit der Mitglieder des großfürstlichen Rates Sigismund zum Großfürsten aus, ohne sich mit dem polnischen Senat in Verbindung zu setzen und die Vereinbarung von 1499 zu beachten. Der Protest der Polen verkannte die Situation, die durch die Bedrohung seitens des Großfürsten von Moskau eingetreten war. Er ist stillschweigend zu den Akten gelegt worden und hat die Wahl Sigismunds zum König von Polen am 8. Dezember 1506 auf einem Reichstag zu Petrikau (poln.

Piotrków) nicht zu beeinflussen vermocht. Wiederum waren Litauen und Polen nur durch die Person des Herrschers miteinander verbunden, und wiederum war dieser, wie schon Alexander, als Großfürst von Litauen auch zum König von Polen gewählt worden.

Der neue Großfürst-König mußte zunächst alle Aufmerksamkeit auf die Abwehr Moskaus konzentrieren. Hatte doch Wassilij III. sich in Sendschreiben an den Bischof von Wilna, die Mitglieder des großfürstlichen Rates und einzelne Magnaten gewandt, darauf hingewiesen, daß er gesonnen sei, sein „Vatererbe" wiederzugewinnen — d. h. die orthodoxen, ostslawisch besiedelten Gebiete Litauens — und versprochen, daß er im Gegensatz zum König von Polen religiöse Toleranz üben werde. Sigismund mußte sich nach Bundesgenossen umsehen und fand sie, wie in der litauischen Geschichte bereits öfter, in den Tataren: der bedeutende Khan der Krimtataren, Mengli-Girej, und der Khan von Kasan an der Wolga — zwischen der Krim und Kasan bestanden stets recht enge Beziehungen, die sich nicht zuletzt gegen die Goldene Horde an der unteren Wolga richteten — verabredeten mit Sigismund einen gemeinsamen Feldzug. Dieser besaß dazu in dem letzten Khan der Goldenen Horde, der nach Litauen geflohen war und in Kauen festgehalten wurde, ein sicheres Unterpfand für die Bündnistreue beider Tatarenkhane. Vorerst versuchte der Großfürst-König, Wassilij III. zu einem gütlichen Übereinkommen zu bewegen. Der Moskauer Großfürst ließ es jedoch nicht dazu kommen, griff die litauischen Grenzgebiete an und zwang Sigismund zu Gegenmaßnahmen. Die tatarische Hilfe erwies sich als wirkungslos; der moskowitisch-litauische Krieg zog sich hin. Friedensverhandlungen wurden begonnen. Beide Partner intrigierten im Lande des anderen. Wassilij III. gelang es, den Fürsten Michael Glinskij auf seine Seite zu ziehen. Allein, die orthodoxe Bevölkerung, vor allem der Adel, dachte gar nicht daran, Glinskij Gefolgschaft zu leisten. Lediglich das Eingreifen Wassilijs III. bewahrte ihn davor, von seinen eigenen Standesgenossen an Sigismund ausgeliefert zu werden. Die anrückenden moskowitischen Truppen mußten zurückweichen. Glinskij war mit seiner engsten Familie gezwungen, bei den Moskowitern zu bleiben, während ein großer Teil seiner Anhänger sich Sigismund unterwarf[1].

Ungeachtet der Quertreibereien Glinskijs gelang es Sigismund, am 8. Oktober 1508 einen befristeten Frieden mit Moskau zu erreichen und einige von den Moskowitern besetzte Grenzgebiete wiederzuerlangen. Freilich war nur ein Aufschub in der großen Auseinandersetzung erreicht. Schon in den folgenden Jahren wurde über Grenzverletzungen geklagt. Ein neues Bündnis Sigismunds mit dem Khan der Krimtataren bildete den Anlaß zu einem neuen Krieg mit Moskau (1512), der sich 10 Jahre lang hinzog. Angriffsziel der Moskowiter war Smolensk; damit wollten sie die Dnjepr-Linie sichern und Litauen-Polen aus dem Flußnetz und Straßensystem zwischen Ilmensee und Kiew verdrängen. War doch Smolensk einer der Schlüsselpunkte des Weges von der Ostsee zum Schwarzen Meer. Im Juli 1514 fiel Smolensk in die Hand der Moskowiter. Kurz vorher hatte Wassilij III. mit dem Kaiser, Maximilian I., ein Bündnis gegen Sigismund geschlossen, das auch gegen dessen Bruder Władysław von Böhmen-Ungarn (1490—1516) gerichtet war, um die Vormacht der Jagiellonen im gesamten ostmitteleuropäischen Bereich zurückzudrängen. Wenn auch die litauischen Truppen bei Orscha (am Dnjepr) die Moskowiter zurückschlugen (8. September 1514), so blieb Smolensk vorerst fest in der Hand Wassilijs III. Jahrelang wurden die Grenzgebiete verwüstet und liefen daneben die diplomatischen Bemühungen um eine Beilegung der Kämpfe. In diesen Jahren war auch der Kaiserhof stets eingeschaltet, der durch Stützung Moskaus Sigismund für feste Vereinbarungen gefügig zu machen versuchte. Als auf dem Wiener Kongreß im Juli 1515 Polen und Maximilian sich einigten, fiel das eigentliche Interesse des Kaisers an Moskau bereits weg, auch wenn der kaiserliche Gesandte Sigismund von Herber-

---

[1] Wassilij III. hat später eine Nichte Michael Glinskijs, Helene, geheiratet, die die Mutter seines Nachfolgers Iwan IV. geworden ist.

stein noch 1517 in Moskau weilte. Es kam schließlich zum Waffenstillstand auf fünf Jahre (14. September 1522), der später bis 1533 verlängert worden ist. Freilich blieb Smolensk bei Moskau, das damit eine neue Etappe auf dem Wege zur Vorherrschaft in Osteuropa erreicht und Litauen weiter geschwächt hatte, so daß dieses mehr als je gezwungen war, sich an Polen anzulehnen, dessen Macht durch die Gewinnung der Oberhoheit über das 1525 in ein weltliches Herzogtum umgewandelte Ordensland Preußen und die Eingliederung des bisherigen Lehnsfürstentums Masowien (1526) bedeutend gewachsen war.

Der Tod Wassilijs III. (Dezember 1533) und die Tatsache, daß sein Nachfolger Iwan IV. noch ein kleines Kind war, benutzte Sigismund zu der Forderung auf Rückgabe aller seit 1449 von Moskau besetzten einstigen litauischen Gebiete. Im August 1534 griffen die Litauer an. Wiederum zogen sich die Kämpfe hin, zumal die Bevölkerung der von Sigismund beanspruchten Gebiete sich nicht sofort den Litauern anschloß. Wiederum endete das Ringen der beiden Rivalen mit einem Waffenstillstand (17. Februar 1537), der das Übergewicht Moskaus durch Verbleib von Smolensk unter seiner Herrschaft nur bekräftigte. Dieser Waffenstillstand, zunächst auf fünf Jahre geschlossen, ist immer wieder, bis 1562, verlängert worden. Ruhe herrschte indes an der Ostgrenze nicht, ebensowenig wie an der Südostgrenze gegen die Tataren, wo durch ein System von Burgen und Grenzwächtersiedlungen eine Militärgrenze geschaffen wurde, deren Träger die mit einem türkischen Namen als „Kosaken" bezeichneten Grenzer sehr verschiedener Herkunft wurden. Nicht nur die litauischen (Wolhynien, das Kiewer Land), sondern auch die polnischen Grenzgebiete wurden in dieser Weise mit einem lebenden Schutzwall versehen, der mindestens kleinere tatarische Angriffe von der Krim her aufzuhalten und durch Gegenstöße zu beantworten vermochte. Da vor allem die polnischen Magnaten Podoliens diese Grenzverteidigung und ihre Träger förderten, war es nur natürlich, daß sie ihre Blicke auch auf die benachbarten litauischen, nicht polnischer Verwaltung unterstehenden Gebiete richteten. Hier sind die Gründe dafür zu suchen, daß einflußreiche polnische Adelskreise den Anschluß der südöstlichen Grenzgebiete Litauens an Polen zu betreiben begannen, der 1569 gelang (vgl. S. 76).

Sigismunds Regierungszeit hatte mit einer Reihe von Reformplänen in Polen, die alle auf eine Stärkung der königlichen Macht abzielten, begonnen. Sie waren durch außenpolitische Beanspruchungen nicht weit gediehen. Neuen Impuls erhielten sie, als Sigismund nach dem Tode seiner ersten Gattin die Prinzessin Bona Sforza von Mailand heiratete (1518). In zunehmendem Maße gewann sie Einfluß auf die allgemeine Politik, wobei es ihr vor allem darum ging, ihrem Sohne Sigismund August sofort eine Herrschaft zu sichern, zuerst in Schlesien, dann, als sich 1522 Sigismund für längere Zeit nach Wilna begab, in Litauen.

Hier war, anders als in Polen, zunächst der Gegensatz zwischen den großen Bojarenfamilien und dem Kleinadel nicht so deutlich zutage getreten. Während durch die Beschlüsse des Reichstages zu Bromberg (1521) die Masse des polnischen Adels auf die Wahl der Landboten, der zum Reichstage abgeordneten Repräsentanten, dadurch entscheidenden Einfluß erhielt, daß diese nicht mehr auf den Landtagen, sondern auf Kreistagen (particulares conventus, sejmiki) gewählt werden sollten, begnügten sich die litauischen Adligen damit, von Sigismund auf dem litauischen Reichstag zu Grodno eine Kodifizierung des geltenden Rechts in Litauen zu erbitten. Sigismund erklärte sich damit einverstanden. Der großfürstliche Rat verpflichtete sich daraufhin, im Falle des Todes Sigismunds dessen jetzt zweijährigen Sohn zum Großfürsten zu wählen und die meisten Senatoren schworen dem kleinen Sigismund August die Treue. Freilich meldete sich auch die Opposition der Magnaten, der unter anderem die Fürsten Radziwill (litauisch Radvila) angehörten. Sie gingen allerdings nicht so weit wie die Polen, die sich zum größten Teil weigerten, dem litauischen Beispiel zu folgen und sogar Attentate gegen Sigismund und Bona unternahmen.

Das großfürstliche Edikt, durch das ein geschriebenes Statut in Aussicht gestellt wurde, hatte eine längere Vorgeschichte. Schon auf dem litauischen Reichstag zu Wilna 1514 war von dem Bischof von Przemysl und Vizekanzler Polens, Peter Tomicki, den litauischen Ständen in Aussicht gestellt worden, daß der Großfürst geschriebene Gesetze erlassen werde. Auch in Litauen mußte eine solche Kodifizierung der geltenden Rechte der Masse des Adels zugute kommen und die Willkürherrschaft des großfürstlichen Rates beenden. Geschehen war freilich bis 1522 nichts. Sigismund erklärte denn auch, daß durch den bisherigen Zustand, das Fehlen eines gültigen Gesetzbuches (legum statutum) und die dadurch bedingte uneinheitliche Rechtsprechung, hier nach Gewohnheitsrecht, dort nach Klugheit und Besonnenheit der Richter, anderswo unter Verwendung verderbter Rechtsaufzeichnungen, die großfürstliche Kanzlei mit Klagen überhäuft worden sei. Es wurde ein Statutenentwurf schon 1522 in Kraft gesetzt, den Sigismund selbst 1524 durch einen neuen Entwurf ersetzen wollte, der indes nicht in Kraft trat. Erst auf dem Wilnaer Reichstag 1528/29 wurde der Text nach längeren Beratungen angenommen, von Sigismund in Kraft gesetzt und damit geltendes Recht für das gesamte Großfürstentum Litauen. Dieses *Erste Litauische Statut* ist in dreizehn große Abschnitte gegliedert, von denen der erste die Rechte des Großfürsten umschreibt, der zweite über die Landesverteidigung handelt, der dritte die persönlichen und ständischen Rechte des Adels festlegt, der vierte und fünfte Fragen des weiblichen Erbrechts und der Vormundschaft betrifft. Der sechste Teil umfaßt Bestimmungen über Gerichtsverfassung und Strafprozeß, die Teile 7—9 enthalten strafrechtliche Bestimmungen über Vergehen gegen lebendes und liegendes Eigentum, Teil 10 über Schuld und Verpfändung. Teil 11 enthält Strafbestimmungen für Vergehen gegen Leben und Eigentum nichtadliger Schichten (Handwerker, Bauern), Teil 12 über Raub und Festnahme fremder Leute, Teil 13 endlich über Diebstahl von Angehörigen der niederen Stände. Das Statut enthält also sehr verschiedene Rechtsbestimmungen: landrechtliche, den Großfürsten, seine Regierung und sein Eigentum betreffende, ständische — vor allem

Leben und Eigentum des Adels angehende –, Gericht und Prozeß regelnde und schließlich strafrechtliche.

Es wurden damit keine neuen rechtlichen Normen gesetzt, sondern es wurde das geltende, durch die Adelsprivilegien von 1387–1492 festgelegte Recht (vgl. oben S. 39ff.) nur zusammengefaßt, übersichtlich geordnet und die bisher nicht einheitlich gehandhabte Rechtsprechung und das Prozeßverfahren vereinheitlicht. Hierbei fanden auch Bestimmungen des geschriebenen Rechts der sog. „Russkaja Pravda", die in den ostslawischen Gebieten Litauens seit Jahrhunderten in Übung waren, Berücksichtigung. Insgesamt erlangte der Adel aller Schichten durch Sigismund I. eine Bestätigung der bisher gewonnenen Rechte, vor allem den Ausschluß aller anderen Bevölkerungsgruppen, vorab der städtischen Bürger, vom Landbesitz. Sigismund setzte vor die Bestätigung der Rechte des Adels (Teil 3, § 1) die Verpflichtung, daß er auch bei Gewinnung der Herrschaft über ein anderes Land das Großfürstentum Litauen und den großfürstlichen Rat (die Rada), die Regierung des Landes, vor aller Beeinträchtigung schützen wolle, und beschwor dabei das Andenken seines Vaters, Kasimirs IV. Damit war die Unabhängigkeit des Großfürstentums, die beherrschende Stellung der Rada garantiert. Die Union mit Polen wurde nicht erwähnt, und dies spricht dafür, daß die Litauer nach wie vor – und trotz der zu dieser Zeit schon bestehenden Querverbindungen hoher Adelsgeschlechter beider Länder – auf ihrer Unabhängigkeit bestanden. Hier wird die politische Bedeutung des Statuts deutlich. Es verwundert daher nicht, daß Sigismund sich bereit fand, seinen kleinen Sohn Sigismund August im Oktober 1529 durch die Rada zum Großfürsten von Litauen proklamieren und in der Wilnaer Kathedrale krönen zu lassen. Damit waren die zwischen Polen und Litauen bestehenden Abmachungen von 1499 (vgl. oben S. 60) von litauischer Seite abermals mißachtet worden. Die Polen begegneten dem durch die Ausrufung Sigismund Augusts auch zum König von Polen[1]. Es wurde dadurch

---

[1] Vgl. über diesen „Staatsstreich" G. Rhode, Kleine Geschichte Polens.

deutlich, daß vor allem die Polen an der Aufrechterhaltung der Union interessiert waren.

Nicht nur die sozialen Spannungen innerhalb der Adelsschicht, sondern dazu die Spannungen durch das Eindringen der Reformation riefen neue Verwicklungen hervor. Die ohnehin sehr rege Teilnahme der gebildeten Kreise Polens an den geistigen Strömungen in West- und Mitteleuropa und der Sittenverfall und die Korruption vor allem in den Kreisen des hohen, mit reichen Pfründen ausgestatteten Klerus, der am sichtbarsten die alte Kirche repräsentierte, mögen Anlaß dafür gewesen sein, daß weitere Kreise des Adels sich für Luther zu interessieren begannen. Ansatzpunkt für die Verbreitung der Reformation in Polen wie in Litauen waren die Städte mit ihrem z. T. deutschen Bürgertum. Sigismund I. schritt sofort ein und verbot die Einfuhr und Verbreitung lutherischer Schriften. Die verfolgten Lutheraner wandten sich dorthin, wo sie zunächst einigermaßen sicher schienen: abgesehen von dem sog. „Königlichen Preußen", d. h. Westpreußen, nach Litauen. Hier setzten die Anhänger der Reformation große Hoffnungen auf den jungen, in humanistischem Geist erzogenen und allem Neuen aufgeschlossenen Großfürsten Sigismund August, der 1544 auf Wunsch des Vaters und gegen den Willen der Mutter die Regierung in Wilna übernommen hatte. Damit handelte er auch gegen den ausdrücklichen Willen des polnischen Senats, der schon seit längerem auf eine Erneuerung der Union Litauens mit Polen drängte. Die litauische Rada wich aus, und auch in den folgenden Jahren ist es nicht dazu gekommen.

Es herrschte zwar Friede an der Ostgrenze; dafür bereiteten sich durch den Fortgang der Reformation innere Spannungen vor. Sie wurden erhöht durch eine vor allem in Litauen sich bemerkbar machende Bewegung des Übertritts zum Judentum, welches seit der Mitte des 14. Jahrhunderts in Polen und Litauen Zuflucht vor den Pogromen vor allem in den Städten Süd- und Südwestdeutschlands gesucht und gefunden, überall Glaubensgemeinschaften begründet und sich in Handel, Gewerbe und Handwerk eine bedeutsame Stellung zu erringen gewußt hatte.

Sigismund I. versuchte, auch dieser neuen Bewegung der „Judaisierenden" mit Gewalt entgegenzutreten und ließ die Vorsteher der jüdischen Gemeinden und die der Sympathie mit den Juden Verdächtigen in Polen wie in Litauen verfolgen. Er hat dadurch insbesondere die Reformation nicht aufzuhalten vermocht. Am 1. April 1548 ist der Zweiundachtzigjährige gestorben.

Die Hoffnungen in Polen und in Litauen richteten sich auf den jungen, jetzt 28jährigen Nachfolger. Daß diese Hoffnung nicht allein im Inlande, sondern auch im Auslande geteilt wurde, zeigt nichts deutlicher als die Tatsache, daß Calvin ihm seinen Kommentar zum Hebräerbrief widmete.

Damit wird zugleich deutlich, welche reformatorische Richtung nun nach Polen und Litauen übergriff: der Calvinismus. Diese zweite Phase der reformatorischen Bewegung in Polen-Litauen führte nun freilich in kurzer Zeit eine Ausbreitung der neuen Lehre herbei, die noch vor wenigen Jahren für undenkbar gehalten worden wäre. Entscheidend dafür war die Haltung des jungen Königs. Er zeigte Toleranz, er hörte sich in Wilna evangelische Prediger an, er schützte der Reformation zuneigende hohe Kleriker seiner engsten Umgebung. Hinzu kam, daß er sich kurz nach dem Tode seiner ersten Gattin heimlich mit der verwitweten Tochter des Kastellans von Wilna, Georg Radziwill, Barbara Gasztold, hatte trauen lassen (1545). Auf dem ersten polnischen Reichstag zu Petrikau sah er sich dem Protest der verschiedenen, untereinander zwar zerstrittenen, in diesem Punkte allerdings einigen Parteien, nicht zuletzt der hohen Geistlichkeit, gegenüber, daß er eine gewöhnliche litauische Adlige und nicht, wie es seiner Würde entsprochen hätte, eine auswärtige Prinzessin geheiratet hatte. Es mag diese ihm entgegenschlagende Adelsopposition gewesen sein, die Sigismund II. August nicht nur zeitlebens mit Litauen enger verband als seinen Vater, sondern die ihn auch veranlaßte, die neue Lehre nicht zu verfolgen und den Städten, vor allem denen im sogenannten „Königlichen Preußen", aber auch in Litauen und in Polen die Religionsfreiheit zuzusichern. Auf einem zweiten Reichstag zu Petrikau 1550 stimmte allerdings der Adel der

Krönung Barbaras zur Königin zu (sie ist freilich ein Jahr später bereits gestorben und wurde in Wilna bestattet), während Sigismund August die bisherigen Privilegien bestätigte. Der Wunsch der Polen, die Union mit Litauen zu erneuern (und eine solche mit Preußen herzustellen), wurde vertagt. Der Großfürst-König erlebte dabei zu seinem Erstaunen, daß die polnischen Protestanten gegen ihn und Barbara Opposition trieben, und dies mag ihn veranlaßt haben, in einem Edikt vom 1. Dezember 1550 dem Klerus nachzugeben und nicht nur die Vorrechte der Geistlichkeit, auch deren Gerichtsbarkeit, zuzusichern, sondern seine Treue zur alten Kirche zu beteuern. Sigismund August hat dieses Versprechen gehalten. Der an sich nicht sehr energische, durch falsche Erziehung verweichlichte und mißtrauisch gewordene, zunehmend einsamer und verbitterter werdende Mann hat sich fortan von den Ereignissen mehr treiben lassen, als daß er sie gemeistert hätte. Dies kam vor allem auch in seiner von den Zeitgenossen übereinstimmend berichteten religiös indifferenten Haltung zum Ausdruck.

Die Reformation, getragen von den Böhmischen Brüdern (vor allem in Polen) und von den Calvinisten (vor allem in Litauen), breitete sich schnell aus. Deren Protektor war der litauische Großkanzler und Wojewode von Wilna, Nikolaus Radziwiłł der „Schwarze", ein Vetter der Königin Barbara. Der Anschluß des Adels an die Reformation hatte verschiedene Gründe: er wollte seine politische Stellung gegenüber dem Großfürsten-König weiter stärken, sich vom geistlichen Einfluß frei machen und auch wirtschaftlich durch Heranziehen von Siedlern, vor allem von Deutschen, an Macht gewinnen. Den geistigen Rückhalt fand die reformatorische Bewegung an der 1544 gegründeten, von Herzog Albrecht von Preußen besonders geförderten Universität in Königsberg. Vor allem Nikolaus Radziwiłł der Schwarze bemühte sich bei Herzog Albrecht, aber auch bei Calvin um Entsendung gut ausgebildeter Prediger. Obgleich er selbst seit der Mitte der 50er Jahre auch öffentlich sich zur neuen Lehre in der Form Calvins bekannte, zog er auch Lutheraner heran. 1554 hatte Calvin ein langes Schreiben an Nikolaus

Radziwiłł gerichtet und ihm darin zugleich praktische Ratschläge gegeben. Im allgemeinen zeigt sich nach dem Eingreifen Calvins persönlich eine Dynamik in der religiösen Bewegung, eine radikale Intoleranz gegenüber der alten Kirche und ein Appell an das Sendungsbewußtsein der von der neuen Lehre Erfaßten oder ihr Zuneigenden. Selbst den toleranten Großfürsten-König suchte Calvin in drei drängenden Briefen zu gewinnen, erreichte freilich nur, daß dieser sich nun erst recht zurückhielt. Denn nicht nur die Ausbreitung des Luthertums und des Calvinismus, sondern auch der Brüdergemeinden und der 1565 in Kleinpolen entstandenen calvinistischen Sekte der Antitrinitarier gebot ihm vorsichtiges Abwarten.

Für die Litauer hatte die Reformation gar nicht zu überschätzende Folgen. Innerhalb weniger Jahre war die Mehrheit des großfürstlichen Rates für die Reformation gewonnen. Es mag übertrieben sein, wenn der Sekretär des Bischofs von Ermland, späteren Kardinals und Leiters der katholischen Erneuerung, Stanislaus Hosius, bereits für das Jahr 1552 von 3000 Kirchen spricht, die den Katholiken genommen seien. Hosius selbst klagt drei Jahre später darüber, daß Litauen vollständig von der neuen Lehre überflutet sei; anders aber als in Polen führte diese Tatsache nicht zu schweren öffentlichen Auseinandersetzungen auf dem litauischen Reichstag. Litauen war seit seinem Bestehen ein Land, in dem einander zuerst Heiden und Christen, dann Katholiken und Orthodoxe begegneten. Die ersten Großfürsten aus dem Gediminidenhause waren tolerant gewesen. Das änderte sich nur vorübergehend, als Jagiello den orthodoxen Adel seines Landes durch gewisse Benachteiligung zurückstieß. Schon sein Sohn Kasimir IV. hatte die Union von Ferrara-Florenz zwischen Rom und Byzanz (1439) für seine Länder ebenso abgelehnt wie sein östlicher Nachbar, der Großfürst Wassilij II. von Moskau. Sigismunds I. scharfes Vorgehen gegen die Protestanten hatte zwar auch Litauen betroffen, war hier aber mindestens dadurch abgemildert worden, daß der Thronfolger den Protestanten nicht unfreundlich gegenüberstand. Freilich duldete er sie nur, auch nach seinem Regierungsantritt, und es entstand weder in Polen noch in Litauen eine lutherische (oder calvinistische) Landeskirche. Der Antrieb zur Errichtung einer solchen entfiel, weil niemand, weder der Großfürst-König noch die beiden Bischöfe von Wilna und Schemaiten noch schließlich die katholische Geistlichkeit die neuen Gemeinden so angriff, daß eine feste Organisation erforderlich war[1]. Wohl schlossen sich die Lutheraner, Calvinisten und die polnische Bruderunität aus dem gesamten Doppelreich 1570 in Sandomir zu einer „brüderlichen Vereinigung" (Consensus Sandomirensis) zusammen, die 1645 durch den Austritt der Lutheraner aufgelöst wurde, aber dies geschah bereits in einer Situation, als die alte Kirche auf dem Konzil von Trient grundlegende Reformen beschlossen hatte und der Kardinal Stanislaus Hosius, der 1564 das „Hosianum" in Braunsberg im Ermland als Ausbildungsstätte für die Priester seines Bistums begründete, auch auf Litauen einzuwirken begann.

Mit dem Eindringen der Reformation in Litauen steht der Druck der ersten Bücher in litauischer Sprache im Zusammenhang. 1547 wurde in Königsberg der lutherische Katechismus des Martin Moswid (lit. Mažvydas) gedruckt. Seither kam viel an Büchern über die preußische Grenze ins Land, mancherlei auch in litauischer Sprache, das meiste freilich in Latein und Polnisch, ein Zeichen für die bereits fortgeschrittene Polonisierung der litauischen Oberschicht. Staatssprache in Litauen war ohnehin eine westrussische Kanzleisprache, in der auch das Erste Litauische Statut abgefaßt ist.

Die einzige Druckerei in Wilna, die des Dr. Franciszek Skaryna, welche seit 1525 orthodoxe Schriften in altrussischer bzw. kirchenslawischer Sprache zu drucken begann, besaß keine lateinischen Lettern. Dagegen gab es zweifelsohne vor dem Einsetzen des Buchdrucks geschriebene, im Gottesdienst verwendete Texte in litauischer Sprache. Übersetzungen der Evangelien und der Briefe des Apostels Paulus sollten in den Pfarrschulen

---

[1] Auf diese Entwicklung hat hingewiesen G. Rhode, Die Reformation in Osteuropa. In: Zs. f. Ostforschung, 7. Jg. 1958, S. 481 ff.

sowohl in polnischer als auch in litauischer Sprache lesen gelehrt werden; auch litauische Kirchenlieder waren schon im Gebrauch, auf die der protestantische Pfarrer zu Ragnit im Herzogtum Preußen, Moswid, seine erste litauische Kirchenliedersammlung aufbaute (1570). Immerhin läßt sich die Verbreitung des Polnischen auch in Litauen daraus ablesen, daß schon auf der Wilnaer Synode von 1522 festgelegt wurde, dort, wo das Kirchenvolk vorwiegend Litauisch spräche, sei dem Pfarrer wenigstens ein litauisch sprechender Vikar zur Unterstützung beizugeben.

Die Reformation hat diese Pflege der Volkssprache verstärkt. Sie wurde übernommen von der katholischen Reformbewegung, sollte freilich erst nach Sigismunds II. August Tode durch die Jesuiten besondere Förderung erfahren.

Wie wenig gesichert die Reformation auch in Litauen war, wie sehr sie auf der Haltung der einzelnen Adligen oder einer Adelsfamilie beruhte, zeigt sich daran, daß zwar Nikolaus Radziwiłł der Schwarze selbst als die Säule des Protestantismus gelten konnte; als er 1565 starb und als die starke Persönlichkeit fehlte, der es auch um eine Zusammenarbeit der Angehörigen der protestantischen Bekenntnisse ging, wurde das Sektenwesen übermächtig. Nikolaus Radziwiłł selbst soll sich in seinen letzten Jahren den Antitrinitariern oder Arianern, einer calvinistischen Sekte, zugeneigt haben, welche auch im Großfürstentum Litauen, insbesondere in den ostslawisch-orthodoxen Teilen, Anhänger und um 1568 ihre weiteste Verbreitung fanden. Die Zerrissenheit des litauischen Protestantismus bedeutete eine politische Gefahr für das Land, und dies mag der Anlaß gewesen sein, daß der Sohn Nikolaus des Schwarzen, Nikolaus Christoph Radziwiłł, 1567 zur alten Kirche zurückkehrte und seine Brüder mit sich zog. Ein Zweig der Familie blieb dem Calvinismus treu, aber der Stammsitz, Schloß Nieświez (lit. Nesvyžius), dessen Druckerei nach Wilna verlegt wurde (1575), war fortan ein Zentrum katholischer Reformbewegung. Freilich hat erst die Gründung eines Jesuitenkollegs in Wilna (1569) die Wiederherstellung des völlig zerrütteten katholischen Kirchenwesens eingeleitet. Ein großer Teil des litauischen Hochadels wurde rekatholisiert.

Nicht nur die Vorgänge im kirchlichen und geistlichen Leben des Landes beschäftigten die Gemüter so lebhaft, daß darüber die Außenpolitik zurücktrat, sondern eine sich anbahnende Agrarreform, die keineswegs nur die großfürstlichen Besitzungen, sondern das ganze Land betraf und bis zu den Agrarreformen des 20. Jhs. der wichtigste und folgenreichste Vorgang für das Bauerntum gewesen ist. Wie schon Alexander und Sigismund I., so sah sich auch Sigismund II. August gezwungen, aus seinem Landbesitz Barmittel herauszuwirtschaften. Hauptausfuhrartikel war schon seit dem ausgehenden 15. Jh. Getreide, das in Westeuropa guten Absatz fand. Das Großfürstentum Litauen nahm seit Beginn des 16. Jhs. an diesem Getreidehandel teil, seitdem Großfürst und Adel die Ergiebigkeit dieser Einnahmequelle erkannt und auf ihren Gütern Getreide für den Markt anzubauen begonnen hatten. Damit entwickelte sich eine grundherrliche Gutswirtschaft, deren einheitliche Regelung bereits Sigismund I. für die Domänen angestrebt hatte. 1529, im Jahre des Ersten Litauischen Statuts, erließ er eine Instruktion für die Gutsverwalter, die nicht nur die Bauern vor willkürlicher Ausbeutung schützen, sondern die Getreideanbaufläche vergrößern sollte. Außerdem sollten wüst gewordene oder bisher ungenutzte Ländereien aufgesiedelt werden. Vor allem die Grenzgebiete gegen Preußen, die zum größten Teil noch Wildnis waren, wurden planvoll durch Anlage großer regelmäßiger Reihendörfer erschlossen. Sie bildeten das Muster, nach dem schließlich 1549 die Königin Bona ihre Güter neu einrichtete. Als Landmaß wurde erstmals die Hufe (voloka) zu 30 Morgen eingeführt, die Dörfer wurden neu vermessen und z. T. schon umgesetzt. Es entstanden regelmäßige Dorfanlagen mit 3 Feldern (für Wintersaat, Sommersaat und Brache); die Leistungen der abhängigen Bauern, die entweder Arbeiten verrichten (Scharwerker) oder Zins zahlen (Zinsbauern) mußten, wurden normiert, jedem Bauern eine Hufe (oder ein Teil einer solchen) zugewiesen. In dem aus ihrer Mitte gewählten Dorfschulzen erhielten die Bauern nicht nur einen gutsherrlichen Aufseher, sondern zugleich einen Mann, der ihre Interessen wahrnehmen konnte. Mehrere Dörfer wurden zu Schulzenämtern zusammengefaßt. Hier war vorweggenommen, was Sigismund II. August dann am 1. April 1557 in seinem großen Hufengesetz (ustava na voloki) für alle großfürstlichen Besitzungen verordnete. Damit wurden die bisherigen unregelmäßigen Dörfer in den litauischen Stammlanden und in einem großen Teil der ostslawischen Gebiete beseitigt – auch der Adel mit Ausnahme des Kleinadels folgte dem großfürstlichen Beispiel –, wurden die Wildnisse gerodet und neuer Nahrungsraum gewonnen, ein in den litauischen Stammlanden recht gesundes Hofbauerntum geschaffen, auch wenn es z. B. in Schemaiten an Menschen fehlte, um alle Hufenstellen zu besetzen. Die ostslawischen Bauern freilich versuchten, sich den durch Zuweisung einer Hufe bedingten erhöhten Arbeitsleistungen, die gleichwohl eine Verbesserung des Lebensstandards bedeutete, zu entziehen, und bestellten oft nur einen Teil ihrer Hufe, so daß hier Sigismund Augusts Reform nicht oder doch nicht voll durchgedrungen ist. Insgesamt ist für den Großfürsten bei der Langsamkeit, mit der diese grundlegende und umfassende Reform durchgeführt wurde, weniger herausgesprungen, als er sich erhofft haben mag.

Zudem kamen außenpolitische Anforderungen an ihn heran, die seine militärischen und finanziellen Kräfte weit überstiegen und ihn wiederum von den Bewilligungen des polnischen und litauischen Reichstages abhängig machten. Livland, der nördliche Nachbar, nun zwar nicht mehr feindlich, sondern gegen Moskau verbündet, drohte zu zerfallen. Erzbischof Wilhelm von Riga, ein Bruder Herzog Albrechts von Preußen, war in der Auseinandersetzung mit dem Deutschen Orden gefangengenommen worden. Sigismund August verlangte und erreichte seine Freilassung und schloß mit dem Ordensmeister Wilhelm von Fürstenberg im Vertrag zu Poswol (1557) ein Bündnis, dessen Spitze sich nur gegen Moskau richten konnte, weil es erst 1562 – dann lief der bestehende Waffenstillstand ab – in Kraft treten sollte.

Iwan IV. von Moskau sah sich dadurch bedroht, griff seinerseits im Januar 1558 in Livland ein und besetzte Narwa im östlichen Estland, das er sofort zu einem wichtigen Hafen ausbaute. Der livländische Orden war hilflos; die Ritterschaft der Bistümer konnte dem Angreifer nicht widerstehen. Im Juli fiel Dorpat in die Hand der Moskowiter; zu Beginn des nächsten Jahres rückten sie ins Erzbistum Riga ein, im Jahr 1560 brachte die Schlacht bei Ermes das Ende des Ordensheeres. Gotthard Kettler, seit 1559 Landmeister, wandte sich an Sigismund-August und lieferte den litauischen Truppen wichtige Burgen aus. Am 28. November 1561 unterzeichneten der Ordensmeister Gotthard Kettler, der Erzbischof Wilhelm von Riga und Sigismund August in Wilna den Unterwerfungsvertrag. Zugesichert wurde dem Lande das lutherische Bekenntnis, dem deutschbaltischen Adel die volle Autonomie (Privilegium Sigismundi Augusti). Gotthard Kettler erhielt Kurland und Semgallen als erbliches Lehnsherzogtum (und trat zum Luthertum über), das ehemalige Erzbistum Riga und das Ordensland nördlich der Düna wurde 1566 als Herzogtum Livland dem Großfürstentum Litauen einverleibt. Die Stadt Riga blieb vorerst selbständig. Estland fiel an Schweden, die Insel Ösel (und Kurland) vorübergehend an Dänemark. Administrator des neuerworbenen Gebietes wurde 1566 der litauische Kronfeldherr und Starost von Schemaiten, Jan Chodkiewicz, ein Protestant, der freilich einige Jahre später wieder Katholik wurde.

Die Folge des Erwerbs von Livland war ein neuer Krieg mit Moskau, der Iwan IV. sofort den Besitz von Polozk, der wichtigen Handelsstadt an der oberen Düna, einbrachte. Weder Verhandlungen noch militärische Erfolge Nikolaus Radziwiłłs des Schwarzen noch der Übertritt des in Livland kommandierenden Feldherren Iwans, des Fürsten Andrej Kurbskij, brachten greifbare Ergebnisse. Erst ein Regierungswechsel in Schweden, der den Schwager Sigismund Augusts, Johann III., auf den Thron brachte, jahrelang sich hinziehende schwedisch-polnische Auseinandersetzungen beendete und die Gefahr eines gemeinsamen schwedisch-polnisch-litauischen Angriffs heraufbeschwor, vermochten Iwan IV. dazu, im Dezember 1570 in Stettin einen auf drei Jahre befristeten Frieden abzuschließen, der Polozk bei Moskau beließ. Wiederum war Moskau ein Stück nach Westen vorgerückt.

Ein Jahr vorher hatten die Polen nach jahrzehntelangen Bemühungen und Versuchen aller Art ihr Ziel erreicht. Der Fall von Polozk hatte den Litauern gezeigt, daß sie allein trotz des bedeutenden, freilich vorerst wenig einträglichen und ungesicherten Landgewinns in Livland Moskau nicht zu widerstehen vermochten. Als Nikolaus Radziwill, die markanteste Persönlichkeit in Litauen, gestorben war, erlahmte angesichts des Kriegszustandes mit Moskau der litauische Widerstand gegen die Union. Ein gemeinsamer Reichstag wurde für den Januar 1569 einberufen, doch tagten Litauer und Polen getrennt. Die Verhandlungen zogen sich hin. Nikolaus Christoph Radziwill der „Rote" und Jan Chodkiewicz verließen den Reichstag. Die Polen verlangten, Sigismund August solle durch Dekret die von den Polen geforderten litauischen Wojewodschaften Podlachien, Wolhynien und Kiew der Krone Polen angliedern. Zögernd verstand er sich in drei verschiedenen Urkunden vom 5. März, 26. Mai und 5. Juni dazu; damit wurde alles südlich des Pripjet gelegene Gebiet, umfangmäßig beinahe die Hälfte des Großfürstentums, von diesem abgetrennt. Der Adel des neugewonnenen Gebietes erhielt sofort Sitz und Stimme im polnischen Reichstag und war damit für diese Umgliederung gewonnen. Die Rada war überrumpelt. Am 1. Juli 1569 nahmen die Litauer, nun wieder unter Führung von Nikolaus Christoph Radziwill und Jan Chodkiewicz, den ihnen vorgelegten Unionsvertrag an. Die *Union von Lublin* macht die Vereinigung Litauens mit Polen unauflöslich. Der gemeinsame Herrscher wird gewählt, auch wenn eine Partei auf dem Wahlreichstag fehlt, wird in Krakau gekrönt und ist damit zugleich Großfürst von Litauen. Eine Sonderwahl in Litauen findet nicht statt. Besondere Thronfolgerechte gelten als erloschen. Der neugewählte König beschwört die Rechte und Privilegien für beide Länder gemeinsam. Der Reichstag und die Sitzungen des königlichen Rates für Polen und Litauen, die Außenpolitik und die Währung sind für beide Länder gemeinsam. Alle Beschränkungen über den Erwerb von Grundbesitz im anderen Lande werden aufgehoben. Beide Länder behalten das in ihnen geltende Recht, die Verwaltung und das Heer. Sonst aber sollen sie sein wie ein „einziges unteilbares und untrennbares Ganzes, eine einheitliche und untrennbare Republik, welche aus zwei Staaten und Völkern zu einer Nation zusammengefügt und vereinigt ist" (§ 3). Schon die Tatsache, daß die Urkunde in polnischer Sprache abgefaßt ist und keine Zweitausfertigung in der in Litauen gebräuchlichen westrussischen Kanzleisprache existiert, läßt erkennen, daß diese Union lediglich durch den massiven polnischen Druck zustande gekommen war. Vergeblich hatten die litauischen Vertreter zwei Tage zuvor kniend und weinend gebeten, von diesem Diktat abzusehen. Die Polen wußten den augenblicklichen Vorteil zu nutzen. Erst jetzt war aus der Personalunion eine Realunion geworden, der sich die Litauer fügen mußten. Es war auch nicht zweifelhaft, daß die Polen von jetzt an nicht nur versuchen würden, ihren Einfluß in Litauen zur Geltung zu bringen, sondern die Polonisierung vorantreiben wollten.

Sigismund II. August hatte sich gefügt, weil die außenpolitischen Gefahren und die inneren Spannungen in Polen ihm keine Wahl ließen. Es ist fraglich, ob der passive, auf Ausgleich bedachte Mann bereit gewesen wäre, für die Litauer ernstlich etwas zu tun, hatte er doch schon 1564 auf sein Erbfolgerecht in Litauen verzichtet. Er ließ ja auch trotz der Religionsfreiheit, die unter seiner Regierung herrschte, die katholischen Reformkreise mit Hosius an der Spitze ebenso wirken wie die Jesuiten, die auch in Wilna ihr Werk begannen. Er scheute sich davor, ernsthafte Reformen anzufassen. Das am 1. Juli 1564 von ihm in Kraft gesetzte sog. Zweite Litauische Statut sah zwar für den mittleren und niederen Adel einige Verbesserungen vor, indem es ihn der Gerichtsbarkeit der Wojewoden (Palatine) und Kastellane entzog und nach polnischem Vorbilde Adelsgerichte schuf, aber darüber hinaus brachte es wenig mehr als eine Bestätigung des Statuts von 1529.

Die letzten Lebensjahre Sigismunds II. August nach Abschluß der Union und des Friedens von Stettin waren erfüllt von persönlichen Angelegenheiten, der Trennung von seiner dritten Gattin Katharina von Österreich, der Schwester Kaiser Maximilians II. und seiner ersten Gattin Elisabeth, und der Regelung der Thronfolge. Aber der schwache Mann war kein Heinrich VIII., der um den Preis des Bruchs mit der alten Kirche eine Scheidung erzwungen und eine seiner Geliebten zur Gemahlin erhoben hätte. Er nahm im Gegenteil die Beschlüsse des Konzils von Trient an, ohne doch nachdrücklich für ihre Verwirklichung einzutreten. So blieb alles ungeklärt, als er am 7. Juli 1572 plötzlich erkrankte und starb. Der Mannesstamm des litauischen Jagiellonenhauses, das das Gesicht des östlichen Europa während zweieinhalb Jahrhunderten so entscheidend verändert hatte, war damit erloschen. Die politische Zukunft des Doppelreiches war fortan allein auf den Adel gestellt.

IX. STEPHAN BÁTHORY UND SIGISMUND III.

Die Frage, wer König-Großfürst werden sollte, rief in den Adelskreisen heftige Auseinandersetzungen hervor. In Litauen dachte man daran, den Zaren Iwan IV. von Moskau oder seinen kleinen Sohn Feodor zu wählen und dadurch der östlichen Bedrohung ein Ende zu machen. Zudem hätte der Union von Lublin nachträglich eine ganz andere Form gegeben werden können, abgesehen davon, daß die von Litauen losgerissenen Gebiete hätten zurückgegeben werden müssen. Der Gedanke, Moskau, Litauen und Polen als drei einander gleichgeordnete Staatsgebilde unter einem Herrscher zu vereinigen, fand in Litauen ein so starkes Echo, daß der großfürstliche Rat zu Beginn des Jahres 1573 Michael Haraburda nach Moskau entsandte. Iwan IV. stellte jedoch territoriale Forderungen, so daß sich die Verhandlungen zerschlugen. Inzwischen hatten die Polen und ein Teil der Litauer sich auf einen französischen Prinzen, Heinrich von Valois, geeinigt, der jedoch nicht einmal ein Jahr (1574) im Lande blieb. Freilich hatte die Wahl dem Adel die Möglichkeit gegeben, den Wahlmodus zu fixieren, dem künftigen König weitgehende Zusicherungen abzuverlangen und damit die Adelsrepublik zu vollenden, an deren Spitze bis zu ihrem Untergang nunmehr stets ein gewählter König gestanden hat[1].

Wiederum war nach Heinrichs Rückkehr nach Frankreich die Notwendigkeit gegeben, eine Neuwahl vorzunehmen. Abermals fand sich in Litauen eine Partei für Iwan IV. von Moskau. Die litauischen Magnaten jedoch waren nicht für ihn zu gewinnen. Aus der Doppelwahl des Jahres 1575 ging schließlich

[1] Vgl. G. Rhode, Kleine Geschichte Polens, S. 246 ff.

der Wojewode von Siebenbürgen, Stephan Báthory, als Sieger hervor, während die Habsburger weichen mußten. Stephan heiratete Anna, die Schwester Sigismunds II. August, und wurde 1576 in Krakau zum König von Polen gekrönt. Die Litauer erkannten ihn nicht an, da sie an der Wahl nicht teilgenommen hatten. Erst nach längeren Verhandlungen erklärten sie sich bereit, ihn als Großfürsten anzunehmen, sofern er bereit sei, die Interessen Litauens zu wahren. Ein litauischer Landtag in Grodno beschloß nach entsprechenden Zusicherungen des Königs, ihn als Großfürsten anzuerkennen, und eine litauische Adelsdelegation vollzog die Anerkennung am 29. Juli 1576.

Es wirkt wie eine Ironie der Geschichte, daß Stephan Báthory, dessen Anerkennung in Litauen Schwierigkeiten gemacht hatte, den größten Teil seiner kurzen Regierungszeit litauischen Problemen widmen mußte. Iwan IV. hatte die Gesandtschaft, die ihm die Wahl Stephans anzeigte, höchst ungnädig angehört und griff schon im Januar 1577 das schwedische Reval an. Damit waren unmittelbare litauische Interessen berührt.

Die polnisch-litauische Herrschaft im Herzogtum Livland hatte sich durch Maßnahmen bei der Auflösung des Erzbistums Riga (Erzbischof Wilhelm war 1563 gestorben, der Adel überwiegend protestantisch), durch persönliche Bereicherung der mit der Verwaltung beauftragten litauischen oder polnischen Amtswalter und ungeschickte Maßnahmen viel Feinde gemacht. Iwan fand also bei der Bevölkerung nicht nur Ablehnung. Nikolaus Christoph Radziwiłł und Jan Chodkiewicz konnten mit den Kräften, über die sie verfügten, nur wenig Widerstand leisten; Stephan schickte eine Gesandtschaft nach Moskau, die wenigstens einen dreijährigen Waffenstillstand zustande brachte. Die Zeit nutzte der König, um sich vom Reichstag die nötigen Mittel bewilligen zu lassen. Als er zu Beginn des Jahres 1579 in Wilna erschien, konnte er nicht nur auf die Unterstützung des gemeinsamen Reichstages bauen, sondern erreichte darüber hinaus die Zusicherung des großfürstlichen Rats, Truppen aufzustellen. Er selbst mobilisierte alle Kräfte aus dem reichen großfürstlichen Besitz, der infolge der Agrarreform seit 1557 eine wirtschaftliche

Ertragssteigerung und Bevölkerungszunahme erfahren hatte. In Livland kam es schon 1578 zu kleinen Kämpfen mit den Moskowitern, aber erst im nächsten Jahr brach der Krieg mit voller Heftigkeit aus. Schon im August fiel Polozk in litauische Hand. Das litauische Heer rückte weiter vor, bedrohte Smolensk, zerstörte die südlich Moskau gelegene Stadt Tschernigow. Iwan IV. war nun zum Frieden bereit. Stephan erbat indes vom Adel Litauens und Polens zusätzlich Mittel, um den Krieg fortzusetzen. Litauer und Polen stießen gemeinsam 1580 weiter vor. Stephan forderte von Iwan IV. die Rückgabe aller an Moskau gefallenen litauischen und livländischen Gebiete. 1581 wurde der Krieg fortgesetzt. Auf den Rat Antonio Possevinos, des Jesuitenpaters, den Papst Gregor XIII. nach Polen und zu Iwan IV. entsandt hatte, in der Hoffnung, daß dieser sich zu einer Union mit der römischen Kirche geneigt zeigen werde, wurde am 15. Januar 1582 in Jam Sapolskij, einem kleinen Ort südlich Pleskau, ein 10jähriger Waffenstillstand abgeschlossen. Litauen erhielt Polozk und verschiedene an Moskau verlorene Grenzgebiete an Düna, Dnjepr und Desna zurück.

Nun wandte sich Stephan nach Livland. Hier hatten die Schweden die Moskowiter aus Estland und dem östlich angrenzenden Ingermanland vertrieben. Im Januar 1581 hatte Riga Stephan gehuldigt. Es ergab sich nun die Notwendigkeit, schwedische und litauisch-polnische Interessen abzugrenzen. Dies gelang ohne Schwierigkeiten: Schweden faßte seine Besitzungen zu einem Herzogtum „Ehsten" (Estland) zusammen (1584), Stephan schuf drei Präsidenturen (= Wojewodschaften): Dorpat, Pernau und Wenden. Anstelle des aufgelösten Erzbistums Riga wurde ein katholisches Bistum Wenden geschaffen. Die Jesuiten erhielten in Dorpat, Riga und Polozk Schulkollegien. Die katholische Reformbewegung, von dem Jesuiten und Hofprediger Peter Skarga und unter Aufsicht Antonio Possevinos begonnen, griff nun also auch in Litauen energisch zu. Schon ein Reichstag zu Petrikau vom Mai 1579 hatte die Beschlüsse des Konzils von Trient auch für das Doppelreich in Kraft gesetzt. Damit geriet die Religionsfreiheit für die Protestanten in Gefahr. Der König-Großfürst selbst, ein gebildeter Humanist, der in Padua studiert hatte, war jeder Intoleranz abhold; ärgerlich soll er einmal gesagt haben: „Ich bin König von Völkern, nicht von Konfessionen" (Rex sum populorum, non conscientiarum). Er verbot auch die Verfolgung von Protestanten, z. B. 1581 in Wilna. Hier hatte er zwei Jahre vorher, 1579, eine Akademie begründet, die noch im gleichen Jahr die päpstliche Bestätigung erhielt. Sie wurde den Jesuiten anvertraut. Ihr Gönner war Nikolaus Christoph Radziwiłł, in dessen Druckerei (vgl. oben S. 72) Bücher von Peter Skarga u. a. erschienen. Ein Bildungszentrum war geschaffen; in der später an die Akademie übergegangenen Radziwiłłschen Druckerei sind 1599 die von dem Wilnaer Kanonikus N. Daukša übersetzte Postille und der litauische Katechismus des polnischen Jesuitenpaters Jakob Wujek für das Bistum Wilna (1605) − ein solcher für das Bistum Schemaiten war schon 1595 von N. Daukša in die schemaitische Mundart übersetzt worden − erschienen.

Für die innere Ordnung Litauens ist die Schaffung eines Obersten Tribunals nach dem Muster des polnischen wichtig geworden. Stephan Báthory hat das Statut für diese oberste Gerichtsbehörde, die abwechselnd in Wilna, Traken, Nowogródek und Minsk tagen sollte, nach längeren Vorberatungen 1581 in Kraft gesetzt. 1588 wurde ihr das oberste Gericht für Schemaiten, welches immer noch eine Sonderstellung einnahm, angegliedert. Auch die Rechtsreform, die Anpassung des Litauischen Statuts an die veränderten Zeitumstände hat Stephan Báthory gefördert. Allerdings wurde die von dem Fürsten Leo Sapieha (lit. Sapiega) redigierte Fassung nicht mehr von ihm, sondern erst von seinem Nachfolger in Kraft gesetzt. Schließlich fällt in diese Zeit die Gründung der ersten Kreditbank in Wilna (1584).

Stephan Báthory hat dessenungeachtet die Opposition eines Teiles der litauischen Adligen heraufbeschworen, indem er Polen hohe Posten in Litauen anvertraute. Auch die Tatsache, daß er Litauen wichtige Gebiete zurückerobert hatte, konnte keine nachhaltigere Trauer auslösen, als er im Dezember 1586 in

Grodno starb. Dennoch besteht kein Zweifel, daß der ritterliche, tapfere, gebildete Mann während seiner kurzen Regierungszeit nicht nur innenpolitisch Bedeutsames eingeleitet, sondern vor allem in dem Kampf zwischen Litauen und Moskau diesem empfindlich geschadet und die Voraussetzungen dafür geschaffen hat, daß in den nächsten Jahrzehnten noch einmal — zum letzten Mal — Litauen die Führung übernehmen konnte.

Die Wahl, die der Adel des Doppelreichs vornehmen mußte, fiel am 19. August 1587 auf den Neffen der Königinwitwe Anna, den zwanzigjährigen schwedischen Kronprinzen Sigismund Wasa.

Die Litauer hielten sich wiederum zurück und beauftragten auf einem ersten litauischen Landtag in Wilna im Januar 1587 die zum Wahlreichstag gesandten litauischen Vertreter, von dem neuen Großfürsten die Zusicherung zu erwirken, daß die religiöse Toleranz im Lande gegenüber Protestanten und Orthodoxen gewahrt bleibe.

Ein zweiter litauischer Landtag vom Juni 1587 forderte die Polen auf, die nicht einstimmige Wahl Sigismunds zu annullieren. Erst ein dritter litauischer Landtag im Oktober 1587 fertigte eine Delegation nach Polen ab, die Sigismund Wasa anerkannte. Wiederum also verliehen die Litauer ihrem politischen Willen Ausdruck, und der nach der Unionsakte von Lublin eigentlich gar nicht mehr bestehende großfürstliche Rat trat noch immer als Repräsentanz des Adels auf. Sigismund sicherte den litauischen Abgeordneten nicht nur religiöse Toleranz zu, sondern setzte auch das Dritte Litauische Statut 1588 in Kraft, das die Bestimmungen des Ersten Litauischen Statuts ergänzte und die absolute Vorherrschaft des Adels über das Bauerntum, sowie die Ausschaltung der städtischen Bürger aus den politischen Gremien, den Kreis- und Landtagen, festsetzte. Es setzte vor allem die Normen für Zivil- und Prozeßrecht[1]. Die Litauer haben zäh an dem Statut festgehalten. Alle Ergänzungen, die

---

[1] Vgl. J. J. Lappo, Litovskij Statut 1588 g. [Das Lit. Statut von 1588]. I (Kaunas 1934, 1936).

im 17. Jahrhundert notwendig wurden, sind von aus Litauern gebildeten Kommissionen beschlossen worden[1].

Schon 1592 starb Johann III. von Schweden, der Vater Sigismunds III., welcher gegen den Widerstand eines Teils der schwedischen, vor allem aber der livländischen und finnländischen Stände nun auch König von Schweden wurde. Damit gewann Litauen, um das er sich bisher wenig gekümmert hatte, besondere Bedeutung, stellte es doch in den sehr bald ausbrechenden schwedisch-polnischen Kämpfen das Aufmarschgebiet der Truppen des Doppelreiches dar. In der ersten Phase der schwedisch-polnischen Kämpfe (1600–1609) blieb Sigismund III., der freilich auf die schwedische Krone verzichten mußte, siegreich. Die Schwäche Moskaus und die Tatsache, daß ein von polnischen Magnaten unterstützter Thronprätendent, ein angeblicher jüngerer Sohn Iwans IV., Dmitrij, sich mit polnischer Hilfe für kurze Zeit des Zarenthrones in Moskau bemächtigen konnte, (1605–6) bot Sigismund III. die Möglichkeit, 1611 Smolensk für Litauen zurückzuerobern und jahrelang in dem von inneren Kämpfen zerrütteten Zartum Moskau eine Art Vorherrschaft auszuüben, ja, den 1613 gewählten Zaren Michael Romanow zu einem Waffenstillstandsvertrag zu zwingen (in Deulino bei Moskau, Dezember 1618). In der weltgeschichtlichen Auseinandersetzung zwischen Moskau und Litauen um die Führung Osteuropas schien eine Wendung eingetreten, Litauen nach vielen Rückschlägen wieder die Oberhand gewonnen zu haben.

Auch auf kirchenpolitischem Gebiet hatte Sigismund III. zunächst Erfolg. 1589 war zwar die Metropolie Moskau zum Patriarchat erhoben worden und damit die orthodoxen Bistümer auch Litauens nun nicht mehr dem Patriarchen von Konstantinopel, sondern dem von Moskau untergeordnet. Aber orthodoxe Adelskreise in Litauen erwogen schon bald, gestützt von

---

[1] A. Šapoka, Lietuva ir Lenkija po 1569 metų Liublino unijos [Litauen und Polen nach der Lubliner Union von 1569] (Kaunas 1938), S. 120.

den Jesuiten, eine Absicherung gegen den geistlichen Führungsanspruch Moskaus und eine Union mit der römischen Kirche. 1590 erklärten sich vier orthodoxe Bischöfe in einem Brief an Sigismund III. zur Union bereit. Eine (erste) Synode zu Brest-Litowsk erörterte die Frage, freilich mehr im Hinblick auf eine Reform des orthodoxen Kirchenwesens, einer Hebung der Bildung des Klerus und einer geistlichen Beratung der in großer Zahl sich bildenden orthodoxen Bruderschaften. Ein Konflikt unter den orthodoxen Bischöfen trieb die Reformfreunde weiter, indes die Bruderschaften das Kirchenvolk gegen eine Union aufhetzten. Auch mancherlei politische Tendenzen und Erwägungen waren mit im Spiel. Der Papst, Klemens VIII., nahm am 23. Dezember 1595 die orthodoxe Kirche Polen-Litauens in die römisch-katholische Mutterkirche auf und bestätigte wenig später ihre Verfassung; vom 6.–10. Oktober 1596 tagte in Brest-Litowsk die Unionssynode, in der die Union von allen orthodoxen Bischöfen mit zwei Ausnahmen angenommen wurde. Auf einem Reichstag 1597 erkannte Sigismund III. allein die durch die Union von Brest entstandene unierte Kirche als bestehend an. Obgleich Moskau nicht einzugreifen vermochte, gaben indes die Orthodoxen ihren Widerstand nicht auf: orthodoxe Gemeinden und Bistümer blieben bestehen. Der katholische Klerus begegnete den Unierten mit Mißtrauen, so daß die Einfügung in die römisch-katholische Kirche nicht voll gelang. Wohl aber hatte die Union von Brest besondere Bedeutung für die Herausbildung des ukrainischen Volkstums, dessen vornationales Eigenbewußtsein durch die Union von Brest entscheidend beeinflußt worden ist. Der Plan Sigismunds III., durch die Union von Brest die orthodoxen Untertanen endgültig von Moskau zu trennen, ist nicht voll gelungen, und 1635 hat sein Sohn die orthodoxe Kirche wieder anerkannt, so daß es in Polen-Litauen nun zwei Kirchen des östlichen Ritus gab. Dies hat in der Folgezeit immer wieder auch zu politischen Spannungen geführt.

1611 wurde Sigismunds III. Vetter Gustav Adolf König von Schweden. Wenige Jahre später griff er Livland an, und da dem König-Großfürsten durch einen polnisch-türkischen Krieg (1619–1621) die Hände gebunden waren, hatte er schnell Erfolg. Im Waffenstillstand von Altmark zwang er Sigismund III. zur Abtretung Livlands. Lediglich der Ostteil des Landes nördlich der Düna (künftig „Polnisch-Livland" genannt) verblieb bei Polen-Litauen.

Desungeachtet verstand sich der Adel nicht zu größeren Opfern. Die Kriege hatten Geld gekostet, aber der Getreideexport erreichte gerade in diesen Jahren einen Höhepunkt an Umfang und Gewinn. Keine Rede konnte davon sein, daß der Adel durch die Kriegsläufte besonders gelitten hätte. Sigismund III. hat in seinen letzten Lebensjahren Verfassungsreformen erwogen, um die Macht des Adels einzuschränken. Ehe irgendetwas in die Wege geleitet war, ist er am 23. April 1632 gestorben. Die Umstände haben ihn gezwungen, mehr als Großfürst von Litauen gegen Moskau und Schweden zu kämpfen, denn als König von Polen dessen Interessen zu wahren. Aber er war kein *litauischer* Großfürst mehr, so wenig wie Stephan Báthory. Litauen war zu seiner Zeit bereits auf dem Wege, zur polnischen Provinz herabzusinken.

X. IM SCHATTEN DER WELTGESCHICHTE (17. UND 18. JAHRHUNDERT)

Trotz aller bewegten und bewegenden Vorgänge sind das 17. und 18. Jahrhundert die „stillen Zeiten" in der Geschichte Litauens. Es geriet mehr und mehr in den Schatten der Polen, die das Doppelreich regierten, seine Kultur bestimmten und sich den Adel Litauens in Sprache und Sitten anglichen. Gewiß haben die Adligen Litauens bis zum Ende des 18. Jahrhunderts ihre Sonderrechte geltend gemacht, den litauischen Staatskörper in Heerwesen, Finanzen, Justiz und Verwaltung bewahrt und sowohl auf dem gemeinsamen Reichstag wie im gemeinsamen Senat ihre Sonderinteressen lebhaft und kräftig vertreten. Aber all' dies kann nicht darüber hinwegtäuschen, daß die Geschichte der letzten beiden Jahrhunderte des *Großfürstentums Litauen* nicht mehr Geschichte des *litauischen Volkes* gewesen ist. Das Großfürstentum repräsentierte eine Schicht von Menschen, die in ihrer Lebensform, in Sprache und Kleidung dem Polentum zugehörte. Mochte auch der Kleinadel, der in Verwaltung und Gerichten die Posten der Sekretäre und Schreiber einnahm, zum Teil in armseligen Verhältnissen in seinen Adelsdörfern leben, welche insbesondere in Schemaiten zahlreich waren, und sich kaum vom Bauerntum unterscheiden, ja, seine litauische Haussprache bewahren, so hat doch gerade die Zeit der Wasakönige den allmählichen Einschmelzungsprozeß Litauens in Polen deutlich werden lassen. Neben die bisher verwandte alt-weißrussische Kanzleisprache trat außer dem in Litauen stets spärlich verwendeten Latein immer mehr das Polnische. Die Anfänge einer litauischen volkssprachlichen Literatur für die Bedürfnisse des Gottesdienstes, die die Reformation angeregt hatte, erfuhren keine Fortsetzung. Sicherlich blieben litauische Kirchenlieder im Gebrauch; aber die Geistlichen waren polnisch gebildet. Das

Litauische wurde zur Sprache des unfreien Bauerntums herabgedrückt, wo es seinen alten Formenreichtum bewahrte, wo es aber auch stagnierte und sich nicht den Erfordernissen des politischen und geistigen Lebens anzupassen brauchte. Es ist ungewiß, seit wann die Kenntnis des Polnischen in die bäuerlichen Schichten eindrang und hier eine Zweisprachigkeit bewirkte, die noch bis ins 20. Jahrhundert erhalten blieb. Freilich sind die Bedingungen für eine Abkapselung des Litauischen sehr viel älter, denn auch im Heldenzeitalter der Geschichte des Großfürstentums, im 14. Jahrhundert, war es nicht Kanzleisprache.

Gerade dies aber, daß eine ostslawische, „westrussische" (altweißrussische) Kanzleisprache im Großfürstentum Litauen im Gebrauch war, hat auch in den ostslawischen Gebieten Litauens die Volkssprachen im Laufe der Zeit zurückgedrängt auf die niederen sozialen Schichten. Daher haben sich hier, gefördert auch durch die konfessionelle Sonderung vom Litauertum bzw. Polentum, in der Stille die beiden Volkstümer der Weißrussen und Ukrainer zu bilden vermocht. Während die Erstgenannten noch lange „stumm" blieben und erst um die Mitte des 19. Jahrhunderts sich regten, hatten die Ukrainer in der Militärgenossenschaft des Kosakentums bereits zu Beginn des 17. Jahrhunderts eine politisch handelnde Vortruppe. Freilich sind Ukrainertum und Kosakentum nicht gleichzusetzen, die Entstehung des Kosakentums ist komplexer Art[1]. Auch war für das Ukrainertum charakteristisch, daß es konfessionell seit 1596 in Unierte und Orthodoxe gespalten war. Gleiches galt auch für die Weißrussen, bei denen noch eine katholische Gruppe hinzukam. Zum Polentum bestanden nicht nur sprachlich-konfessionelle, sondern auch soziale Gegensätze, die im 19. Jahrhundert ein nationales Gesicht bekommen sollten. Insgesamt ist eine der großen historischen Leistungen des alten Großfürstentums Litauen die Schaffung der Vorbedingungen für die Entstehung des Ukrainertums und des Weißrussentums gewesen.

[1] Vgl. dazu G. Stökl, Die Entstehung des Kosakentums (Stuttgart 1953); G. Rhode, Kleine Geschichte Polens, S. 273 ff.

Der zweite Wasakönig, Władysław IV., (1632–1648) hat es noch vermocht, den Aufstand der Kosaken unter ihrem Hetman Bohdan Chmelnyckyj durch gütliche Übereinkunft und Anerkennung der orthodoxen Kirche zu beruhigen. Auch zu den Protestanten hat der tolerante König-Großfürst die Verbindung gesucht und im Gegensatz zu den in Europa herrschenden Strömungen und Tendenzen den konfessionellen Frieden in seinem Lande im wesentlichen erreicht. Noch einmal setzte sich die vor allem für das Großfürstentum Litauen, aber auch das Polen des 16. Jahrhunderts kennzeichnende Erscheinung des friedlichen Nebeneinanderlebens verschiedener Volkstümer und Konfessionen durch. Insgesamt war es ein Glück für das Doppelreich, daß es im Zeitalter des Dreißigjährigen Krieges Herrscher wie Sigismund III. und vor allem Władysław IV. gehabt hat, die seine Hineinziehung in die europäischen konfessionellen Kämpfe verhindert haben.

Die Regierung des jüngeren Bruders Władysławs, Johann Kasimir (1648–1668), bedeutete demgegenüber eine Kette von Unglücken, die auch Litauen schwer trafen. 1654 schlossen sich die Kosaken an Moskau an (Vertrag von Perejaslaw), durch den das einst zu Litauen, seit 1569 zu Polen gehörige Gebiet um Kiew verlorenging. 1655 griffen die Russen Litauen an, besetzten Wilna, Kauen und Grodno. Ein Teil des litauischen Heeresaufgebotes kapitulierte vor den Schweden und ein Teil der litauischen Magnaten unter Führung des Großfeldherrn Janusch Radziwiłł erwog die Lösung von Polen und eine Union mit Schweden. Noch einmal leuchtete für kurze Zeit eine eigene politische Konzeption auf, die wenig beachtet worden ist. Sie hätte Litauen einen anderen geschichtlichen Weg geführt. Allein, als Ergebnis dieses ersten Nordischen Krieges (1655–1667), zahlreicher innerer Auseinandersetzungen, in denen zum ersten Mal 1652 das liberum veto, das freie Einspruchsrecht jedes Adligen gegen Reichstagsbeschlüsse praktiziert wurde, blieb die Union zwischen Litauen und Polen erhalten, gingen lediglich die Ukraine und das Herzogtum Preußen, das an Brandenburg fiel, verloren. Ein Jahr später dankte der letzte Wasa verbittert ab.

Seine Nachfolger Michael Wiśniowiecki (1669–1673) und Johann III. Sobieski (1673–1696) haben sich um Litauen nicht gekümmert. Johann Sobieskis Türkenkrieg haben die Litauer nur ungern und zögernd Gefolgschaft geleistet, und seine Intoleranz war nicht geeignet, ihm Freunde zu schaffen. 1682 wurde die Kirche der Reformierten in Wilna zerstört, und die 1655–56 aus Wilna und Kauen nach Preußen geflohenen meist protestantischen und zum Großteil deutschen Stadtbürger, die nach 1667 zurückkehrten, sahen sich Verfolgungen ausgesetzt. 1696 wurde Polnisch als Kanzleisprache eingeführt. Johann Sobieski, in Polen als Held gefeiert und durch sein Eingreifen in den Türkenkrieg vor Wien (1683) in ganz Europa bekannt geworden, hat in Litauen kaum ein Andenken hinterlassen.

Es kam hinzu, daß Johann Sobieski seinem Sohne Jakob die Hand der reichen Erbtochter des Fürsten Bogusław Radziwiłł, Ludovica Karolina, gewinnen wollte, die mit einem jüngeren Sohne des Großen Kurfürsten Friedrich Wilhelm von Brandenburg, dem Markgrafen Ludwig, verheiratet gewesen und früh Witwe geworden war. Ihre Herrschaften Tauroggen (lit. Tauragė) an der preußischen Grenze und Serrey (lit. Sereja) hatte sie ihrem Schwiegervater vermacht — sie sind von 1688–1793 preußischer Besitz gewesen[1] —, heiratete dann gegen den Willen des Berliner Hofes den Prinzen Karl von Pfalz-Neuburg. Johann Sobieski versuchte, ihre gesamten Güter, zu denen die umfangreiche Herrschaft Birsen (Biržai) in Nordlitauen gehörte, einzuziehen, stieß dabei aber auf den erbitterten Widerstand der litauischen Magnaten unter Führung des Großfeldherrn Karol Sapieha. Dieser war es auch, der die Kandidatur des Sohnes Johanns, Jakob Sobieski, ablehnte. Gewählt wurde der habsburgische Kandidat, der Kurfürst Friedrich August von Sachsen (August II., 1697–1733). Schon bei den Vorbereitungen zur Wahl war es zu schweren Kämpfen zwischen den Sapiehas und ihrer Anhängerschaft und der Opposition vor allem des

---

[1] Vgl. M. Hellmann, Die preußische Herrschaft Tauroggen in Litauen (1690–1793). (Berlin 1940).

Kleinadels gekommen. Insbesondere der Kleinadel Schemaitens war nicht bereit, sich den absolutistischen Neigungen des Magnatentums unterzuordnen. August machte sich diese Auseinandersetzungen zunutze, griff 1699 mit sächsischen Truppen ein und konnte erreichen, daß die Sapiehas ihre Machtstellung verloren (1700). Er fand dabei im Lande starke Unterstützung; es gab Gruppen, die die Loslösung Litauens von Polen selbst jetzt noch betrieben und August allein auf Litauen beschränken wollten. Allein, der König-Großfürst stürzte sich in das Abenteuer des Nordischen Krieges (1700–1721), in dem er zunächst auf seiten Peters d. Gr. von Rußland die Schweden Karls XII. angriff, um sehr bald eine schmähliche Niederlage zu erleiden. Die Große Pest der Jahre 1709–1714 verwüstete insbesondere Litauen, das ohnehin durch den Krieg und die Plünderungen schwere Schäden erlitten hatte. Seit 1717 erfolgte eine konfessionelle Radikalisierung, indem den Katholiken zugestanden wurde, alle seit 1632 erbauten protestantischen Kirchen zu zerstören. Auch die Orthodoxen sahen sich zurückgesetzt. Damit war sowohl Brandenburg-Preußen als vor allem Rußland eine ständige Einwirkungsmöglichkeit gegeben, wenn es um die Wahrung der Rechte der Glaubensbrüder ging. Am Frieden von Nystad (1721), der den Nordischen Krieg beendete, war das Doppelreich nicht beteiligt, dessen Stellung unter den Nachbarmächten zweifellos unter August II. schwerste Einbußen erlitten hatte. Die Versuche des ersten Wettiners auf dem polnischen Thron, mit Hilfe einer Magnatenpartei, an deren Spitze die Fürsten Czartoryski, kurz „die Familie" genannt, standen, seinem herrscherlichen Absolutsheitsanspruch Geltung zu verschaffen, scheiterten völlig.

Sein Sohn und Nachfolger, der sich gegen den zeitweiligen Gegenkönig seines Vaters, Stanisław Leszczyński, durchzusetzen vermochte, ließ den Adel im Doppelreich schalten und walten. Die beiden großen Adelsparteien der Czartoryski und der Grafen Potocki verschafften den politisch interessierten Nachbarmächten jeweils Eingang in die innerpolitischen Angelegenheiten. Die Potocki neigten Frankreich zu, die Czartoryski Rußland. In den Siebenjährigen Krieg wurde das Doppelreich zwar nicht hineingezogen, da der Adel die Neutralität durchsetzte, aber weder Russen noch Preußen wurden dadurch abgehalten, zeitweilig große Teile des Doppelreiches zu durchziehen und zu besetzen und wie in Feindesland zu hausen. Insbesondere Litauen litt unter den russischen Durchzügen.

Nichtsdestoweniger hat es auch in der Zeit Augusts III. keineswegs an Reformgedanken und Reformversuchen gefehlt, die der um sich greifenden Korrumpierung der Verwaltung, dem Niedergang des Finanz- und Heerwesens und der schrankenlosen Willkür des Adels zu steuern versuchten. Als nach dem Tode des zweiten Wettiners ein einheimischer Adliger, Stanisław August Poniatowski (1764—1795) zum König gewählt wurde, ein hochgebildeter, weitgereister Mann, der zeitweilig polnischer Gesandter in Petersburg gewesen und zu der Zarin Katharina II. in intime Beziehungen getreten war, da fanden diese Reformversuche an ihm und an seinen Verwandten, den Czartoryski, eine Stütze. Es schien zeitweilig so, als sollte eine Regeneration des Staatswesens doch noch möglich sein. Das polnische wie das litauische Adelsgut waren zudem nicht nur der Hort der Bauernunterdrückung, sondern auch eine Stätte der geistigen Regsamkeit, der Pflege von Kunst und Wissenschaft, der Aufnahme neuer, „fortschrittlicher" Ideen, einer sehr ernsthaften geistigen Bemühung um die Erneuerung des Gemeinwesens. Der neue König-Großfürst fand in dem Grafen Antoni Tiesenhausen (poln. Tyzenhauz, 1733—1785) aus Grodno einen energischen und begabten Helfer. Als Tiesenhausen 1765 Großschatzmeister des Großfürstentums Litauen wurde, leitete er eine Reform auf allen großfürstlichen Besitzungen in die Wege, die auf die Hufenreform von 1557 zurückgriff, Guts- und Bauernwirtschaft, bäuerliche Abgaben und Dienste neu regelte und bis 1783 die Einnahmen aus den königlichen Gutswirtschaften um das Vierfache erhöhte. Fabriken und Manufakturen wurden eingerichtet, die Vermehrung der Bevölkerung auch durch Heranziehung von Ansiedlern begünstigt. 1772 setzte er schlesische Weber in Schaulen an und verlieh ihnen Stadtrecht.

Er wirkte dadurch anregend auf den Adel, der auf seinen Gütern ebenfalls Handwerkersiedlungen errichtete (Šilinė bei Schwyren/Žvyrai, Preny/Prienai u. a.). Die Bevölkerung wuchs an, die ländlichen Verhältnisse besserten sich. Das Land war auf dem Wege, die Folgen der schweren Zeiten seit 1648 zu überwinden.

Eine Reform des gesamten Staatsapparates wurde schon 1764 in die Wege geleitet, als der Reichstag die Bildung gemeinsamer Kommissionen für Finanzen, Heerwesen und für das Heerwesen Litauens — dies auf ausdrückliches Begehren der litauischen Magnaten — beschloß, die dem König zur Seite stehen sollten. 1766 trat eine Münzkommission hinzu, die der Geldverschlechterung steuern sollte. Aber die Adelsopposition, die sich gegebenenfalls stets auf auswärtige Unterstützung berufen konnte, machte die begonnenen Reformen bald zunichte. Seit 1767 herrschte offener Bürgerkrieg, der durch das energische Eingreifen Rußlands entschieden wurde. Inzwischen hatte Österreich die seit dem Beginn des 15. Jahrhunderts von Ungarn an Polen verpfändete, bislang nicht eingelöste Zips und Teile des Karpathenvorlandes besetzt, während Friedrich d. Gr., um einer Besetzung ganz Polens durch Rußland zuvorzukommen, einen Teilungsvertrag vorschlug. Am 5. August 1772 einigten sich die drei Nachbarmächte. Alle ostslawischen Gebiete des Großfürstentums Litauen jenseits Düna und Dnjepr fielen an Rußland; Preußen erhielt Pommerellen und den Netzedistrikt (ohne Danzig und Thorn), Österreich Galizien. Der Reichstag ratifizierte 1773 die vollzogene Erste Teilung.

Diese schmerzhafte Amputation löste eine weit stärkere Reformbewegung aus, als sie Stanisław August zu inaugurieren vermocht hatte. Sie wirkte sich auch auf das Bildungswesen aus, zumal die Kurie im Mai 1773 den Jesuitenorden verboten hatte und damit nicht nur zahlreiche Schulen, sondern auch die Universität Krakau und die Akademie in Wilna vom Staat übernommen werden mußten. Die im gleichen Jahre gebildete Edukationskommission erarbeitete nicht nur den Plan eines von der Kirche unabhängigen allgemeinbildenden Schulwesens, sondern ihr führender Kopf, Hugo Kołłątaj, war auch der geistige Vater einer neuen Staatsverfassung, der berühmt gewordenen Konstitution vom 3. Mai 1791, die auf dem sog. „Großen Reichstag" (1788—1792) mit Mehrheit angenommen wurde. Diese Verfassung, die die eigene litauische Staatlichkeit ignorierte, ist indes niemals zur Anwendung gekommen. Die Gegner der Reform, zu denen vor allem Adelskreise in Litauen gehörten, riefen russische Truppen zu Hilfe. Nachdem zuerst Preußen und Rußland sich über eine zweite Teilung Polens geeinigt hatten (1793), erfolgte nach dem Aufstande des Polen Thaddäus Kosziuszko (1794) eine Einigung aller drei Nachbarmächte. Durch den Teilungsvertrag vom 3. Januar 1795, dem am 24. Oktober des gleichen Jahres Österreich beitrat, wurde das polnisch-litauische Doppelreich von der Landkarte gelöscht.

Über 400 Jahre lang hatten das Großfürstentum Litauen mit seiner litauischen, in der Mehrheit freilich ostslawischen Bevölkerung, und das Königreich Polen das geschichtliche Schicksal miteinander geteilt. Die führende Schicht beider Länder, der grundbesitzende Adel, vor allem das Magnatentum, waren zusammengewachsen. Sozial- und Wirtschaftsstruktur hatten sich einander angeglichen. Die Teilungen lösten diese Symbiose auf. Was bislang zuzeiten Rivalität gewesen war, sollte schon nach knapp einem Jahrhundert bitterer Feindschaft weichen.

XI. LITAUEN IN DER ERSTEN HÄLFTE DES 19. JAHRHUNDERTS

Nur die letzte polnische Teilung von 1795 berührte das litauische Stammland unmittelbar. Während der Hauptteil des litauischen Siedlungsgebietes an Rußland fiel, kam Südwestlitauen, die Suvalkija, zu Preußen.

Die Maßnahmen der preußischen Verwaltung in der Suvalkija betrafen zwar in erster Linie die kleinen, meist auf adligem, aber auch auf königlichem Grund und Boden erwachsenen Städtchen und zogen neben bäuerlichen Kolonisten, welche in eigenen neu entstehenden Siedlungen angesetzt wurden, vor allem deutsche Handwerker ins Land. Allein, auch die Separierung des bäuerlichen Besitzes ist nach dem, was wir bisher wissen, zumindest angeregt worden. Die preußische Zeit währte nur etwas über ein Jahrzehnt (1795—1807) und zeitigte im allgemeinen keine entscheidenden wirtschaftlichen oder sozialen Folgen.

Nach dem Tilsiter Frieden kam die Suvalkija an das neue Herzogtum Warschau von Napoleons Gnaden (1807—1815), um nach dem Wiener Kongreß zusammen mit diesem an das unter russischer Oberhoheit konstituierte Zartum Polen zu fallen. Diese ebenfalls nur kurze Periode hat weiterreichende Folgen gezeitigt als die preußische Episode. Denn Napoleon bestand darauf, daß im Herzogtum Warschau das von ihm geschaffene Zivilgesetzbuch, der Code Napoléon, eingeführt wurde, und das bedeutete den Beginn einer sozialen Wandlung von entscheidender Wichtigkeit. Der Bauer erhielt persönliche Freiheit und Freizügigkeit, ohne daß allerdings damit auch die wirtschaftliche Freiheit von der adligen Gutsherrschaft gegeben war. Im Gegenteil, da die Gutsherren das Bauernland als Eigentum beanspruchten, wurde die Bauernschaft in einen härteren Frondienst gezwungen als vorher. Indes war die zivilrechtliche

Gleichstellung der Bauern mit den übrigen Staatsbürgern dennoch ganz ohne Zweifel ein großer Fortschritt.

Darin unterschieden sich die litauischen Bauern der Suvalkija von ihren Stammesgenossen im übrigen Litauen, in dem die Leibeigenschaft erst durch die hier schon 1858 begonnene und durch das Edikt vom 19. Februar 1861 befohlene Bauernbefreiung ein Ende fand. Sie bewirkte zunächst noch keine Beseitigung der wirtschaftlichen Vormachtstellung der Gutsbesitzer und Lösung der Bauern aus den mannigfachen Bindungen an das Gut. Auch blieb die Zerreißung des litauischen Stammlandes in zwei verschiedene Verwaltungsbezirke — das Zartum Polen sank nach den Aufständen von 1830/31 und 1863/64 und der Beseitigung aller autonomen Einrichtungen auf die Stufe eines solchen herab — bis zum Ersten Weltkriege erhalten. Die Suvalkija errang infolge ihrer besseren Böden und der rechtlichen Lage der Bauernschaft einen Vorsprung vor dem übrigen Litauen in wirtschaftlicher und sozialer Hinsicht. Viele der in der litauischen Nationalbewegung später führenden Männer stammten daher aus diesem Gebiet.

Der Anstoß zu einem allmählichen nationalen Erwachen des Litauertums ging allerdings nicht von hier aus. Auch der Zusammenbruch des polnisch-litauischen Doppelreiches hatte die sozialen Verhältnisse nicht verändert. Politik und geistiges Leben wurden von der gleichen adligen Oberschicht beherrscht, die die Schicksale Polens und Litauens im 17. und 18. Jahrhundert bestimmt hatte. Freilich hatte der schwere Schock der Auslöschung des Staates auch in denjenigen Kreisen zu einer Besinnung geführt, die sich bislang hartnäckig gegen alle Reformversuche gesträubt und der liberalen Verfassung vom 3. Mai 1791 die Anerkennung versagt hatten. In zunehmendem Maße bereitete sich eine Verbürgerlichung vor, rückten neue Kräfte zu Trägern des geistigen Lebens auf, die nicht nur an die im untergegangenen Staate bereits recht lebhafte und verantwortungsbewußte, von der Forschung meist unterschätzte Tätigkeit reformerischer Kreise anknüpfen konnten, sondern allmählich auch den Begriff der natio Polonica mit einem neuen Inhalt zu füllen begannen: nicht mehr die alte Adelsnation, sondern die moderne bürgerliche Nation, wie sie sich seit 1789 überall in Europa herauszubilden begann, wurde zur Trägerin des Erneuerungsstrebens und der politischen Tendenzen. Dabei war zuerst der Zusammenhalt der ehemals zum polnisch-litauischen Doppelreich gehörenden Gebiete noch so stark, daß auch die Aufsplitterung in verschiedene russische Verwaltungsbezirke und die ersten Maßnahmen zur Unterbindung oder doch Einschränkung des geistigen Austausches zwischen ihnen keine Ergebnisse zeitigten. In allen Teilen des ehemaligen Doppelreiches bestimmten die Polen Geist und Wesen der Politik und des Kulturlebens.

Dabei gelang es ihnen, von Alexander I. die Eröffnung einer Universität in Wilna zu erreichen, deren erster Kurator Fürst Adam Czartoryski wurde (1803). Das neue Bildungszentrum, das an das im 16. Jh. gegründete Jesuitenkolleg nur z. T. anknüpfte, wurde zur Geburts- und Pflegestätte der „lituanistischen Bewegung" der ersten Hälfte des 19. Jahrhunderts. Die aus dem Geiste der Aufklärung erwachsenen Bemühungen um die Hebung der allgemeinen Volksbildung verbanden sich unter dem Einfluß Herders und der Romantik mit einer Wiederentdeckung geistiger Werte in Volkskunst und Sprache der bislang verachteten Bauern. Zugleich ergab sich aber für die politisch führende Schicht des Polentums die Notwendigkeit, die Unterstützung der breiten Massen des Volkes für die Durchsetzung ihrer politischen Ziele, nämlich der Wiederherstellung Polens in den Grenzen von 1772, und sei es zunächst unter russischer Oberhoheit, zu gewinnen. Diesem Ziel dienten Bestrebungen, die Leibeigenschaft der litauischen Bauern bereits 1817–1819 aufzuheben, welche eine kleine, aber politisch einflußreiche Gruppe eifrig, allerdings mit negativem Erfolg betrieb, um auch dadurch das litauische Bauerntum für die politischen Belange zu interessieren. Man hat in diesem Zusammenhange von einer fortschreitenden „Demokratisierung" in den polnischen und litauischen Ländern gesprochen.

Vor allem aber gelang es, den in der Hauptsache verpolten litauischen Kleinadel Schemaitens zu gewinnen; Schemaiten hatte, wie dargelegt, seit je eine gewisse Sonderstellung im alten Großfürstentum Litauen eingenommen; es war ein Rückzugsgebiet von Lebens- und Kulturformen. Anregungen, die von Wilna ausgingen, weckten schlummernde Kräfte, zumal der schemaitische Kleinadel zwar rechtlich von den Bauern scharf unterschieden war, tatsächlich jedoch in enger Nachbarschaft mit ihnen lebte und sich in seiner Lebenshaltung und seinem Weltbild nicht allzusehr von ihnen unterschied. Es waren in der Hauptsache Angehörige dieser sozialen Schicht, welche die „lituanistische Bewegung" trugen, unterstützt von einer großen Anzahl polnischer Dichter, Schriftsteller und Historiker, die jetzt ihr Herz für das Bauerntum überhaupt und auch für das litauische Volk und seine Vergangenheit entdeckten. In den ersten Jahrzehnten des 19. Jahrhunderts sind Schriften über die litauische Sprache und Geschichte erschienen, deren wissenschaftlich oft unhaltbare Thesen nichtsdestoweniger lange nachgewirkt und das Geschichtsbild der ersten Träger der litauischen Nationalbewegung mitunter maßgebend bestimmt haben.

Der Weg, auf dem die in Wilna lebendigen Bestrebungen die breite Masse des Bauerntums erreichen konnten, war die Vermittlung durch die Geistlichen. Als der Fürst Josef Arnulf Giedrojc (lit. Giedraitis, 1754—1838) im Jahre 1801 Bischof von Schemaiten mit Sitz in Varniai bzw. Alsėdžiai wurde, fanden die Bemühungen um eine Hebung der allgemeinen Volksbildung und Pflege der litauischen Sprache einen warmherzigen Förderer. Er selbst ließ nicht nur 1816 das Neue Testament ins Litauische (d. h. genauer: in die schemaitische Mundart) übersetzen, sondern begründete Volksschulen und zog in großer Zahl Angehörige des Kleinadels heran, die er zu Geistlichen ausbilden ließ. Männer wie Dionysius Paszkiewicz (lit. Poška, 1757—1830), Simon Staniewicz (lit. Stanevičia), Silvester Valiūnas (1790—1831) und Antanas Strazdas (1763—1833), übrigens der einzige aus Hochlitauen stammende Bauernsohn dieser Generation, welcher durch seine volkstümlichen Lieder mit von ihm selbst komponierten Melodien bekannt wurde, und manche andere sind die Repräsentanten dieser ersten Anfänge eines litauischen Schrifttums, auch wenn sie sich in Werk und schriftlichem Umgang noch vielfach des Polnischen bedienten. Damit wurden Grundlagen und Voraussetzungen für ein von den Pfarrgemeinden getragenes und von den Geistlichen geleitetes Volksschulwesen geschaffen, in dem die litauische Sprache eine erste Pflegestätte fand. Zugleich aber erwies sich das Polentum als Vormund, Fürsorger und Betreuer des litauischen Volkstums. Denn soweit patriotische Stimmungen und Tendenzen in ihm zum Ausdruck kamen, waren sie bestimmt durch die Erinnerung an die gemeinsame polnisch-litauische Vergangenheit. Ein eigenes litauisch-nationales Selbstbewußtsein war noch nicht vorhanden, ebensowenig wie in den litauisch besiedelten Gebieten des östlichen Ostpreußens, wo seit dem Ausgang des 18. Jahrhunderts ähnliche Bestrebungen zur Erforschung und Förderung der litauischen Sprache und Volksüberlieferung sich geltend machten. Christian Donalitius (1714—1780, lit. Donelaitis), Pfarrer zu Tollmingkehmen, Ludwig Rhesa (1776—1840), August Schleicher (1821—1868), G. Nesselmann (1811—1881) Friedrich Kurschat (1806—1884) wirkten hier, ebenso einige kleine Presseorgane: der 1849 von Kurschat begründete „Keleiwis" (Der Wanderer) und dessen Nachfolger, der von dem Lehrer A. Eynar herausgegebene „Naujasis Keleiwis" (Neuer Wanderer), die „Lietuwißka Ceitunga" in Memel; Mittelpunkt und Sammelbecken dieser Bestrebungen war die „Littauische litterärische Gesellschaft" in Tilsit (gegr. 1879). Ihre Tätigkeit bezweckte nicht nur die Verbreitung von Bildung, d. h. Kenntnissen, unter der litauischsprachigen Bevölkerung der östlichen ostpreußischen Grenzkreise, sondern auch Aufnahme und Erhaltung eines Sprach- und Überlieferungsgutes, dessen Wert die Romantik gelehrt hatte. Nicht zuletzt die in den ersten Jahrzehnten des 19. Jahrhunderts als eigene Wissenschaft begründete vergleichende Sprachforschung und Indogermanistik glaubte hier auf noch lebendiges Sprachmaterial gestoßen zu sein, das zur Erhellung von anderwärts untergegangenen Zuständen dienen konnte. Irgendwelche politischen Absichten und Bestrebungen lagen nicht nur den Sprachforschern, sondern auch allen

Trägern der Bildungsarbeit, z. B. den Redakteuren der litauischen Zeitschriften oder der „Lietuwißka Ceitunga", der ältesten und jahrzehntelang einzigen litauischen Tageszeitung, völlig fern. Sie waren staatsbejahende Preußen, denen jeder Gedanke einer Irredenta unverständlich gewesen wäre. Ähnliches galt nicht nur für die Träger der „lituanistischen Bewegung" im litauischen Stammland, sondern für nahezu alle derartigen „Erweckungsbewegungen". Die „lituanistische Bewegung" erhält damit typische Züge, die in der einen oder anderen Variation und meist zur gleichen Zeit in fast allen Gebieten des ostmitteleuropäischen Vielvölkerraumes wiederkehren.

Der erste polnische Aufstand von 1830/31 machte diesen Bestrebungen im litauischen Stammlande z. T. ein Ende. Der schemaitische Kleinadel und weite Kreise der Geistlichkeit nahmen an ihm teil. In Telschen/Telšiai kam es sogar zur Bildung einer von der Revolutionsregierung Litauens in Wilna unabhängigen, sehr kurzlebigen Aufständischen-Regierung, die erkennen ließ, daß Schemaiten auch politisch eigenes Gewicht zukam. Der Hochadel hielt sich jetzt und in den folgenden Jahrzehnten wie in ganz Polen, so auch in Litauen merklich zurück. Träger der Bewegung war der Kleinadel, der sich in steigendem Maße auch in den litauischen Gebieten zu einem sozialen Mittelstande mit bürgerlichen Kennzeichen entwickelte. Von einer Loslösung des Litauertums vom Polentum konnte zunächst noch keine Rede sein.

Die russische Regierung vermochte den Aufstand mit verhältnismäßig geringen Mitteln zu unterdrücken. Repressalien folgten: die Wilnaer polnische Universität wurde geschlossen, die Geistliche Akademie, die den Nachwuchs für die Pfarrgemeinden ausbildete, nach Petersburg verlegt, der Bischof Giedraitis unter Polizeiaufsicht gestellt, die Aufständischen schwer bestraft und ihre Güter zum Teil eingezogen.

Seit 1831 erfolgte ein Umschwung in der russischen Politik gegenüber den Polen und auch den Litauern. Zunächst wurde die Liquidierung des polnischen Erbes mit allen Mitteln voranzutreiben versucht. Die litauischen Statute des 16. Jhs., bisher als gültiges Recht geachtet, wurden 1840 aufgehoben und durch die allgemeinen russischen Reichsgesetze ersetzt. Die 1831 beschlagnahmten Ländereien polnischer bzw. verpolter litauischer Adliger wurden zum Teil an litauische Bauern vergeben. Allerdings setzte nun ein Ansturm auf das Litauertum ein, um es nicht nur aus der polnischen Bevormundung zu lösen, sondern zu russifizieren. Die orthodoxe Staatskirche, hier wie gleichzeitig in den benachbarten baltischen Ostseeprovinzen Handlanger des russischen Nationalismus, begann litauische Bauern in großem Umfange zur Konversion zu veranlassen. Bestrebungen zur Weiterentwicklung des ländlichen Pfarrschulwesens und damit einer weiteren Förderung auch der litauischen Sprache und eines Schrifttums vorwiegend religiösen und pädagogischen Inhalts, deren Seele der 1850 zum Bischof von Schemaiten gewählte Matthäus Wolonczewski (lit. Valančius, 1801–1875) war, stießen in zunehmendem Maße auf den Widerstand der russischen Behörden. Die Reaktion seitens der Betroffenen blieb nicht aus. Die in litauischer Sprache geschriebenen, von dem Lehrer L. Ivinskis herausgegebenen Kalender fanden eine ungeahnt weite Verbreitung. Die geheime antirussische Propaganda des Kleinadels und der Geistlichen, also der intellektuell-bürgerlichen Mittelschicht, wurde verstärkt und um so bereitwilliger aufgenommen, als sie zur Verteidigung des katholischen Glaubens und der überlieferten Rechte der Bevölkerung aufrief. Die Nationalisierung der russischen Politik im Lande erzeugte somit eine Politisierung der Abwehrkräfte und rief zum ersten Male nationale Spannungen im modernen Sinne im Lande hervor.

In die allmählichen Vorbereitungen zum Aufstande 1863/64 wurden die litauischen Gebiete mit hineingezogen, wobei zum ersten Male auch revolutionäre Ideen von Rußland selbst her wirkten. Bemerkenswert ist dabei, daß die litauische Bauernschaft in größerem Umfange in diese Spannungen hineingeriet und an der Aufstandsbewegung teilnahm als das polnische Bauerntum. Es war das die erste Folge der Entnationalisierungstendenzen der russischen Politik, der große Unzufriedenheit hervorrufenden Bauernbefreiung – die litauischen Bauern sahen sich in ihren Erwartungen getäuscht — und der Maßnahmen des im Mai 1863 zum Generalgouverneur von Wilna ernannten Murawjow. Den geheimen revolutionären Komitees, die nach Ausbruch des Januaraufstandes von 1863 in den litauischen Gebieten ihre Tätigkeit begannen, schlossen sich nicht nur der Kleinadel und viele Geistliche an, sondern auch die durch geschickte Versprechungen gewonnenen Bauern, die in bedeutendem Umfange an den revolutionären Aktionen teilnahmen. Es waren die ersten Früchte der russischen Politik, die in der diese kennzeichnenden Mischung von Brutalität und politischer Kurzsichtigkeit sich in den Jahrzehnten zwischen den beiden Aufständen endgültig die Chance verscherzte, das „Nordwestgebiet", wie Litauen nunmehr offiziell hieß, zu gewinnen.

Der Niederschlagung des Aufstandes folgte das blutige Strafgericht durch den Generalgouverneur Murawjow, der eine Reihe von revolutionären litauischen Führern, unter anderen den litauischen Priester A. Mackevičius, hinrichten ließ. 1864 wurde ein Druckverbot für litauische Publikationen in lateinischen Lettern erlassen, ein von litauischer Seite mit Recht als besonders brutale Russifizierungsmaßnahme gebrandmarkter Akt. Verstärkte, mit unlautersten Mitteln betriebene Proselytenmacherei der orthodoxen Staatskirche setzte ein. Es wurde verboten, Katholiken im Staatsdienst zu beschäftigen. Das ländliche Schulwesen im Generalgouvernement Wilna wurde völlig russifiziert. Katholischen litauischen Bauern wurden bei dem Versuch, Grund und Boden zu erwerben, allerlei Schwierigkeiten bereitet. Insbesondere der schwere Eingriff in die Ausübung des religiösen Kultes rief erst recht den Widerstand des litauischen Bauerntums wach. Es sind Maßnahmen, an denen die russische Regierung, unbeirrt von dem immer deutlicher zutage tretenden Mißerfolg, jahrzehntelang festgehalten hat. Noch 30 Jahre nach dem letzten polnischen Aufstande erregten die Vorfälle in Kražiai i. J. 1893 die gesamte litauische Bevölkerung auf das tiefste. Hier war das Benediktinerinnenkloster auf Befehl der Russen aufgehoben worden. Auch die Klosterkirche, ein Steinbau, sollte abgerissen werden. Da die hölzerne Pfarrkirche alt und baufällig war, wandte sich die Gemeinde an den Wilnaer Generalgouverneur Orschewskij mit dem Ersuchen, die Klosterkirche als Pfarrkirche benutzen zu dürfen. Da dieser ablehnte, richtete der Pfarrer im Namen der Gemeinde an den Zaren Alexander III. persönlich ein entsprechendes Bittgesuch. Orschewskij ließ jedoch, ehe die Antwort des Zaren eingetroffen war, die Klosterkirche abreißen. Als die Gemeinde sich zur Wehr setzte, entsandte der Kauener Gouverneur Klingenberg ein Detachement Kosaken nach Kražiai, die den angeblichen „Aufstand" niederschlugen. Harte Strafen gegen die „Aufrührer" folgten.

Ein weiteres Mittel der Russifizierung neben Verbot, Verfolgung und Unterdrückung war die Ansiedlung russischer Kolonisten im Lande. Die russische Verwaltung bediente sich dabei z. T. des Domänenbesitzes, z. T. der sequestrierten Güter der Teilnehmer an den polnischen Aufständen. Sie ließ sich bei der Ansetzung der russischen Kolonisten von strategischen Gesichtspunkten leiten. Diese Russen wurden vor allem längs der Litauen durchschneidenden Bahnstrecken Wirballen-Kauen-Dünaburg und Libau-Wilna-Romny angesetzt, um die beiden strategisch wichtigen Linien volkstumsmäßig zu sichern. Bezeichnend für die russische Verwaltungspraxis ist es, daß sie sich dabei der „Raskolniki", der im 17. Jh. von der offiziellen Staatskirche abgefallenen Häretiker, bediente, die sie im eigenen Lande verfolgte, im fremden Volksgebiet dagegen sichtbar förderte und dem eingeborenen litauischen Bauerntum gegenüber bevorzugte.

Der steigende Druck der russischen Fremdherrschaft rief zwei große Abwehrbewegungen seitens der Betroffenen hervor. Die erste, deren Bedeutung für das litauische Volk als Ganzes schlechterdings nicht unterschätzt werden kann, war die Ende der 50er Jahre einsetzende, nach 1864 gewaltig anschwellende Emigration nach Übersee, insbesondere nach den USA. Zahlenmäßig nicht zu fassen, da die aus dem russischen Zarenreiche einwandernden Litauer erst seit 1899 getrennt von den Polen registriert wurden, ist diese Emigration auch soziologisch oder nach ihrer räumlichen Herkunft kaum untersucht worden. Es dürfte sich um junge Bauernsöhne gehandelt haben, die daheim kein Auskommen fanden und in der industriellen Arbeitswelt der USA neue, bessere Lebensmöglichkeiten ohne staatlichen Zwang und Druck erhofften. Sie zogen oft ihre nächsten Angehörigen nach, insbesondere auch junge Mädchen und Frauen. Schon zu Beginn der 80er Jahre bestanden in den USA, vor allem in und um Chicago, litauische Kolonien, die Zehntausende von Mitgliedern zählten, vielfach ganz unter sich lebten und in einer Fülle von geselligen oder politischen Vereinigungen zusammengeschlossen waren. Erst später bildeten sich auch einige litauische katholische Gemeinden, doch hatten es die Priester unter den meist liberalen oder gar sozialistischen Landsleuten nicht immer leicht. Das litauische Volk schuf sich damit ein Ventil, um dem Druck der russischen Fremdherrschaft auszuweichen. Diese litauische Auswanderungsbewegung ist seither niemals mehr, auch in der Zeit der litauischen Eigenstaatlichkeit nicht, ganz zum Stillstand gekommen. Die Folge war — und ist —, daß ein Drittel des litauischen Volkes schon vor dem Ersten Weltkriege in Übersee, vorwiegend in den USA oder in Kanada, lebte.

Im Lande selbst sah man diese Massenauswanderung, die ja zum größten Teil illegal über die ostpreußische Grenze ging, seitens der russischen Verwaltungsstellen wohl nicht ungern. Sie kam den Russifizierungsabsichten einerseits, den strategischen Plänen andererseits entgegen, die darauf abzielten, an der Westgrenze ein dünn besiedeltes und verkehrsmäßig unerschlossenes Gebiet zu haben. Weiterhin entzog sie fortlaufend dem litauischen Volk junge Kräfte und schwächte damit, wie man hoffte, den Widerstandswillen.

XII. DIE LITAUISCHE NATIONALBEWEGUNG

Die zweite Abwehrbewegung gegen die russischen Entnationalisierungstendenzen war die Entstehung einer nationalen litauischen Erweckungsbewegung im eigentlichen Sinne. Das Jahr 1863 hatte zum letzten Male Litauer unter polnischer Führung im Kampfe gegen das Russentum und für die Wiederherstellung eines vereinigten polnisch-litauischen politischen Gebildes gesehen. In den 20 Jahren, die dem letzten polnischen Aufstande folgten, ging die Saat auf, die unter anderen Bedingungen und mit anderen Absichten von der „lituanistischen Bewegung" ausgestreut worden war. Der Bischof Valančius, dessen Bischofssitz 1864 von Varniai bzw. Alsėdžiai nach Kauen verlegt worden war, um eine stärkere staatliche Kontrolle zu gewährleisten, setzte nicht nur seine Bemühungen um Hebung der allgemeinen Volksbildung fort: er wurde der Vorkämpfer der offenen oder geheimen Sabotage jener Regierungsverordnungen, die den Gebrauch der russischen Sprache im Unterricht der Priesterseminare zur Pflicht machten, und förderte damit die Nationalisierung der Geistlichen litauischer Abkunft. Die Priesterseminare wurden zu wichtigen Widerstandszentren gegen die Russifizierungspolitik und zu Pflegestätten der litauischen Sprache und eines langsam sich entwickelnden Eigenbewußtseins.

Nicht minder aber dienten auch die von den Russen neu gegründeten Gymnasien in Kauen, Schaulen und Marijampolė und das Volksschullehrerseminar in Veiveriai in der Suvalkija als Pflanzstätten einer weltlichen litauischen Intelligenz. Insbesondere die beiden letztgenannten Schulen, die ein großer Teil der später in der litauischen Nationalbewegung führenden Männer durchlaufen hat, gewannen hohe Bedeutung. Sie waren in der Absicht begründet worden, den Einfluß der geistlichen Bildungsstätten zurückzudrängen, aber Gymnasien und Seminar wurden hier wie anderswo im russischen Zarenreiche Sammelpunkte der von dem Hauch einer neuen Zeit angerührten Jugend, die insbesondere dann, wenn — wie vielfach auf den Gymnasien — der Unterricht sich in stumpfsinnigem Drill erschöpfte, sich allen von außen hereinströmenden Einflüssen und Idealen aufgeschlossen erwies. Allerdings verhinderte der bäuerlich-konservative Charakter der litauischen Jugend ein schnelles Umsichgreifen nationaler Regungen. Langsam und beinahe zögernd lösten sich diese Jugendlichen aus den gewohnten Bindungen und Vorstellungen. Allein die Tatsache, daß nun in immer steigendem Umfange litauische Bauernsöhne diese Bildungsstätten besuchten, läßt den sozialen Wandel erkennen, der sich gleichsam unmerklich als Folge der Bauernbefreiung und der Zurückdrängung der polnischen Vorherrschaft vollzog. In der Suvalkija zuerst, allmählich auch in den anderen litauischen Siedlungsgebieten läßt sich eine wirtschaftliche Erstarkung des litauischen Bauerntums feststellen, das seinen Söhnen nicht nur eine höhere Bildung angedeihen lassen wollte, sondern dazu auch finanziell in der Lage war. Weiterhin zeigt sich darin ein zunehmender Bildungshunger des Landvolks; die Bemühungen der Giedraitis, Valančius u. a. trugen Früchte. Dem wirtschaftlich-sozialen Wandel ging ein geistiger parallel. Die verlockende Möglichkeit, wenigstens *einen* Sohn die Schule besuchen zu lassen, wurde von immer mehr Bauern genützt. Dabei war es selbstverständlich, daß dieser Sohn Priester wurde, und höchste Zukunftshoffnung für die Eltern war, ihn einmal als Pfarrer in sein Heimatdorf zurückkehren zu sehen.

Die Berührung mit geistigem Leben auf der Schule und in den Seminaren lockte viele junge Bauernsöhne weiter. Die russische Regierung hatte die Gymnasien in der Absicht ins Leben gerufen, die aufstrebende Jugend nicht nur dem polnischen und dem katholischen Einfluß zu entziehen, sondern sie auch zu russifizieren. Sie förderte daher den Besuch der russischen Universitäten durch litauische Jugendliche; sie setzte Stipendien für sie aus, aber sie suchte sie nach abgeschlossenem Studium in Rußland festzuhalten. Da der Absprung von der vorgesehenen geistlichen

Laufbahn in der Regel einen schweren Konflikt, wenn nicht gar einen dauernden Bruch zwischen Elternhaus und Studenten hervorrief, bestand die Gefahr, daß die ihres heimatlichen Lebenszusammenhanges beraubten und auf den russischen Universitäten liberalen, demokratischen und sozialistischen Ideen ausgesetzten jungen Litauer ihrem Heimatlande und ihrem Volkstum ganz entfremdeten. Daß diese gefährliche Möglichkeit nicht in größerem Umfange eintrat, daß die jungen Litauer in aller Regel den Zusammenhang mit Heimat und Volkstum auch in der Fremde nicht völlig verloren, daß sie insbesondere kaum den russischen Entnationalisierungstendenzen verfielen, ist eines der Hauptkennzeichen dieser Generation. Es ist bemerkenswert und erstaunlich, daß diese jungen litauischen Intellektuellen, die zum Teil jahr- und jahrzehntelang in der Fremde, sei es in Rußland, sei es in Westeuropa oder den USA lebten, nachdem einmal der Durchbruch zum eigenen nationalen Selbstbewußtsein erfolgt war, auch zähe daran festhielten. Eine der Ursachen für diese Erscheinung ist zweifellos in dem bedächtigen, Neuerungen abholden, das einmal Erworbene zäh festhaltenden bäuerlichen Charakter des Litauertums zu suchen. Eine weitere Ursache liegt in der bislang engen polnisch-litauischen Lebensgemeinschaft und dem Vorbilde und den Erfahrungen, die das Polentum in Litauen in den Jahrzehnten des illegalen Kampfes gegen die russische Fremdherrschaft auch den litauischen Bauern übermittelt hatte. Und endlich hatten die Angriffe der russischen Verwaltung auf die katholische Kirche, das Verbot kirchlicher Prozessionen, die Verhinderung des Absingens litauischer geistlicher Lieder in der Öffentlichkeit und viele kleine Schikanen gerade auch unter der litauischen Bauernschaft einen so deutlichen Widerwillen gegen die russischen fremden Herren hervorgerufen, daß die Assimilierungstendenzen auch bei der aus der bäuerlichen Schicht aufsteigenden Jugend ganz wirkungslos bleiben mußten.

Die Umstände, unter denen sich das Erwachen zu eigenem nationalen Selbstbewußtsein vollzog, waren zwar je nach Ort und Umständen verschieden, zeigen aber eine Reihe typischer

Züge. Mit der Vorstellung, der Abstammung nach zwar Litauer, der Nation nach Polen und Katholiken zu sein, kamen diese jungen Bauernsöhne auf die Universität. Die Umgangssprache in den Zirkeln und auf den Zusammenkünften der aus Litauen stammenden Studenten war das Polnische, denn ein deutlicher Gegensatz trennte sie alle vom Russentum. Individuelle Erlebnisse, etwa die Begegnung mit anderen nationalen Gruppen, den Letten, den Ukrainern usw. oder später die ersten litauisch geschriebenen und zunächst hektographiert verbreiteten kleinen Zeitschriften führten dann den Umschwung herbei. Dabei ergab sich den jungen Studenten die Notwendigkeit, erst einmal den richtigen Gebrauch der Haus- und Muttersprache zu erlernen, vor allem ihre schriftliche Anwendung zu üben. Jonas Basanavičius, Sohn eines größeren Bauern aus der Suvalkija (geb. 23. 11. 1851 in Ožkabaliai, Kr. Wilkowischken/Vilkaviškis, gest. 16. 2. 1927 in Wilna), berichtet davon, wie er und seine Kommilitonen in der Begegnung mit dem jungen Krischjahnis Waldemars und anderen Letten auf der Moskauer Universität sich durch das bereits stark ausgeprägte nationale Selbstbewußtsein dieser Nachbarn anregen ließen, im Kreis der Heimatgenossen litauisch zu sprechen, wie sie sich die Grammatiken von Schleicher (erschienen 1856) und Kurschat (erschienen 1876) besorgten, wie sie anfingen, sich des Litauischen zu bedienen, wie aus der Beschäftigung mit der litauischen Geschichte sich die ersten Umrisse eines eigenen Geschichtsbildes abzeichneten und die Erkenntnis dämmerte, daß Litauen eine lange Jahrhunderte währende große Geschichte gehabt hatte. Als ein Teil der Studenten litauischer Abstammung sich diesen Bestrebungen widersetzte und am Polnischen festhielt, ergaben sich Spannungen im engsten Kreise, die auch eine soziale Note nicht verleugneten, insofern nämlich, als die Söhne des Adels, vor allem eines Teiles des verpolten Kleinadels, sich von den „Bauernjungen" distanzierten. Die Verschiedenheit nationaler Interessen, welche sich zum offenen Gegensatz steigerte, ließ sich bereits in Anfängen erkennen. Ähnliche Erlebnisse berichtet Jonas Šliupas (geb. 1861 in Rakandžiai, Gem. Grudžiai, gest.

6. 11. 1944 in Berlin) oder der dichterisch hochbegabte Vincas Kudirka (geb. 31. 12. 1858 in Neustadt/Naumiestis, Kr. Wilkowischken, gest. 19. 11. 1899 in Pažeriai, Gem. Veiveriai), der an der russischen Universität Warschau studierte und auf dem besten Wege war, ein polnischer Schriftsteller zu werden, bei der Begegnung mit der inzwischen erschienenen ersten litauischen Zeitschrift jedoch gleichsam von heute auf morgen eine Schwenkung vollzog und wenig später zu einem der Vorkämpfer der litauischen Nationalbewegung wurde.

Jonas Basanavičius hatte mit seinen Kommilitonen ein hektographiertes Blättchen unter dem Titel „Aušra" (Die Morgenröte) herausgegeben. Der Gedanke einer litauischen gedruckten Zeitschrift ließ ihn nicht mehr los, auch als er sein Medizinstudium abgeschlossen hatte; das Angebot, in Moskau zu bleiben, lehnte er ab. In der Heimat wurde er nicht zugelassen und ging daher zunächst nach Prag, später als Direktor eines Krankenhauses nach Lom Palanka am Schwarzen Meer (Bulgarien). Verbindungen einer kleinen Gruppe im östlichen Ostpreußen, die sich um den litauischen Landwirtssohn Martin Jankus (geb. 7. 8. 1858 in Bittehnen, Kr. Ragnit, gest. 23. 5. 1946 als Flüchtling in Flensburg) geschart hatte, ermöglichten es ihm, in nächster Nähe der Grenze, in Tilsit, eine kleine Druckerei zu gründen, die die Herstellung des Blattes übernahm. Im Jahre 1883 konnte die erste Nummer der Zeitschrift „Aušra" in einer kleinen Auflage erscheinen. Über die Vorrede zum ersten Heft stellte Basanavičius den Satz: „Homines historiarum ignari semper sunt pueri" und schrieb: „Wie jeder gute und anständige Sohn sich um seine Eltern und Großeltern kümmert, so müssen auch wir, die Litauer der Gegenwart, dem Beispiel des guten Sohnes des alten Litauers folgen; daher müssen wir uns zu allererst mit dem Leben, dem Wesen, der Art und dem Glauben der Ahnen, mit ihren Arbeiten und Sorgen bekannt machen; indem wir ihr Leben kennenlernen, werden wir uns selbst begreifen."

Eine Hauptaufgabe der Zeitschrift sollte sein, die „Denkmäler aller Art aus der litauischen Vergangenheit zu sammeln und zu beschreiben, ebenso die Überbleibsel, aus denen man Leben, Wesen, Art und alten Glauben unserer Vorfahren erkennen kann". Daher sollte Dainos, Märchen usw. „gemäß ihrem Wert und ihrer Wichtigkeit ein besonderer Platz eingeräumt werden". Es war also kein politisches Ziel, das dem Begründer der „Aušra" vorschwebte, sondern ein später Nachhall der romantisch-historischen und folkloristischen Bemühungen der „lituanistischen Bewegung" des ersten Jahrhundertdrittels und der Wilnaer Aufklärer und Romantiker, wobei nun allerdings nicht die Freude an Reinheit und Unberührtheit des Bäuerlichen den Antrieb bildete; Sammlung und Erforschung des Volksgutes, Darstellung und Deutung der Vergangenheit sollten dem Herausgeber und seinen Mitstrebenden gleichsam erst die Legitimation für das kühne Unterfangen bieten, um auf solcher Basis kulturpolitische Ansprüche zu begründen. Zugleich aber sollten diese Bemühungen pädagogischen Zwecken dienen und als Mittel zur Erweckung des eigenen nationalen Bewußtseins dienen. Die „lituanistische Bewegung", deren Träger die Kleinadligen gewesen waren, sollte gleichsam wiederholt werden, transponiert von einer aufklärerisch-humanistischen in eine nationale Tonlage, wobei ein sozialer Unterton deutlich mitschwang, indem nun die aus dem Bauerntum kommenden Kräfte selbst danach strebten, Träger des Geschehens zu werden.

Geistig lebte Basanavičius wie fast alle seine Zeitgenossen und Mitarbeiter noch ganz von den Früchten der Romantik. Er übernahm etwa die Darstellung Narbutts über das Leben der alten Litauer auf Grund des angeblichen „Reiseberichts" des sog. Grafen Kyburg. Er folgte den Konstruktionen des polnischen Historikers Joachim Lelewel und anderer über die Verwandtschaft der litauischen Sprache und ihrer Träger mit Thrakern und Herulern usw., aber er wies damit zugleich auch dem künftigen geistigen Leben seines Volkes die Bahn. Nicht nur die „Aušra", sondern die folgenden litauischen Periodica, unabhängig von ihrer politischen Richtung, widmeten der Sammlung volkskundlicher Überlieferung, den Schilderungen des bäuerlichen Lebens und seiner Sitten und Gebräuche einen ungewöhnlich breiten Raum. Kennzeichnend ist, daß diese folkloristische Sammelarbeit nicht Spezialgebiet eines engen Kreises von Fachleuten blieb, daß sie sich erst spät zu einer Fachwissenschaft entwickelte und bis in die Gegenwart hinein Politiker, Schriftsteller, Journalisten, Vertreter aller anderen Fachrichtungen, besonders Historiker, Philologen, aber auch Juristen u. a. sich damit beschäftigten. In den Geistesgütern des Volkes erblickte die litauische Bildungsschicht, die nun allmählich heranwuchs, den tragenden Wurzelgrund des eigenen Wesens. Seine Pflege, Erhaltung und Erforschung wurden — und sind — eines ihrer Hauptanliegen.

Neben die Folkloristik trat die Geschichte in dem verklärenden romantischen Lichte einstiger Größe und Herrlichkeit eines nationalen Heldenzeitalters, während dessen Litauer die Geschicke nicht nur des eigenen Volkes, sondern auch die der Nachbarn bestimmt hatten. Die Vergangenheit, das verdient hervorgehoben zu werden, wurde hineingenommen in die Gegenwart und vor allem in die Zukunft. Es ging nicht, jedenfalls noch lange nicht, um die objektive Erkenntnis dessen, "wie es eigentlich gewesen", sondern darum, was gewesen sein *sollte* und *mußte,* damit dem Litauertum ein historischer und das heißt zugleich gegenwärtiger und zukünftiger Lebens- und Wirkungsraum zugewiesen werden konnte. Die Vergangenheit wurde damit zum Kampffeld, auf dem der Gegensatz zu Polen am deutlichsten hervortreten mußte. Die Lebensgemeinschaft mit den Polen wurde seither fortschreitend aufgelöst. Die neu heraufkommende litauische Intelligenz, die sich durch individuellen Entschluß vom Gebrauch der polnischen Bildungssprache lossagte, stand in einem sozialen Gegensatz zum Adel, auch zum Kleinadel. Noch war sie unselbständig in ihren geistigen Schöpfungen, lebte von dem, was polnische Romantik und litauanistische Bewegung, aber auch deutsche Sammelarbeit und Forschung z. B. an sprachlichen Hilfsmitteln geschaffen hatten, aber sie empfand sich mit wachsender Sicherheit selbst als *litauisch.*

Der Beginn der litauischen Nationalbewegung läßt sich beinahe auf den Tag genau bestimmen: sie nimmt 1883 ihren Anfang. Zu Recht haben die Litauer den 100. Geburtstag von Jonas Basanavičius im November 1951 als nationalen Feiertag begangen. In ihm und mit ihm ist der Durchbruch zum nationalen Erwachen der Litauer erfolgt; er ist dadurch zum Repräsentanten dieses historischen Vorganges geworden. Dabei ragten weder er noch seine Zeitgenossen und Mitstrebenden in irgendeiner Weise über ein bescheidenes Mittelmaß hinaus, und politische Führereigenschaften fehlten ihnen völlig. Selbst ihre Wirkung in die Breite und Tiefe war begrenzt. Keinem von ihnen war die Gabe zur Beherrschung großer Volksmassen eigen. Es war überhaupt keine Massenbewegung, die das Bauerntum in politischem Sinne mobilisiert hätte. Die harte Unterdrückung durch die russische Verwaltung zwang die litauische Nationalbewegung in die Illegalität, z. T. in die Emigration; aber sie hatte zunächst kaum etwas von der Schwungkraft etwa der polnischen Nationalbewegung. Sie war anfänglich keine revolutionäre Bewegung, deren Pathos mitgerissen hätte. Dafür breitete sie sich langsam, aber stetig weiter aus; ländliche Pfarrhäuser, die Wohnungen der Volksschullehrer wurden Zellen einer Bildungsarbeit, die die Jugend mehr und mehr in ihren Bann zog. Es gab im Land keine Industrie, keine städtischen Zentren, von Wilna abgesehen, aber hier überwog das Polentum eindeutig. Berührungen zwischen den kleinen Kreisen litauischer Intellektueller in Wilna, Kauen usw. und den polnischen politischen Gruppen bestanden schon infolge des immer schärfer werdenden nationalen Gegensatzes vorerst nicht. Und eigene *politische* Ziele vertrat die „Aušra" zunächst auch nicht.

Die finanzielle Basis des Unternehmens war schmal. Mittel für den Druck waren kaum aufzutreiben. Die Schriftleiter saßen im Auslande, denn auch Šliupas mußte 1884 heimlich aus dem Lande entweichen und ging nach den USA. 1886 stellte die „Aušra" ihr Erscheinen endgültig ein. Die Erwartungen, die an sie geknüpft waren, schienen sich nicht erfüllt zu haben.

Bereits im Jahre 1883 hatte der „Dziennik Poznański" (Posener Tageblatt) die „Aušra" heftig angegriffen. Das polnische

Blatt warf ihr vor, daß sie durch ihren „Separatismus" die polnisch-litauische Lebensgemeinschaft zerstöre, den gemeinsamen katholischen Glauben gefährde und im Grunde nur die Geschäfte des orthodoxen Russentums besorge. Sie sei geeignet, Verwirrung innerhalb der Bevölkerung zu stiften und deren Abwehrwillen gegen russisch-orthodoxe Assimilationstendenzen zu schwächen. Die Kultur- und Bildungsprache des Landes sei nun einmal das Polnische, das Christentum als der tragende Wurzelgrund aller Kultur des Volkes sei den Litauern von Polen hergebracht worden; es sei nicht abzusehen, wohin die Verleugnung oder Ablehnung dieser historischen Gegebenheit durch die „Litwomanen" (dies wurde seither die Bezeichnung für die litauische Nationalbewegung, indes unter „Litwiny" die Gesamtheit der Bevölkerung im Sinne der alten Formulierung „gente Lituanus, natione Polonus" verstanden wurde) führen werde.

Basanavičius wies diese Vorwürfe in einer längeren Erwiderung zurück, bekannte sich zu der Aufgabe, für die Litauer alle diejenigen Rechte erringen helfen zu wollen, die ihren Nachbarn zuständen, von ihnen bereits ausgeübt oder gefordert würden, und schloß mit den Worten: „Wir schreiben Litauisch für Litauer und hoffen, daß unsere Schriften auch gelesen werden. Ob sie unseren polnischen Nachbarn gefallen oder nicht, ist uns gleichgültig. Wir arbeiten für niemand anderen als für unsere litauischen Brüder." In noch schärferer Form erhob J. Sliupas die Forderung nach Freiheit und Gleichheit für das Litauertum.

Diese Forderung beschwor den offenen Konflikt mit dem Polentum herauf. Zugleich wurde durch die polnischen Angriffe eine Konkretisierung des Begriffes „Litauertum" erzwungen. Die Besinnung auf die eigene Sprache und die Werte der in ihr enthaltenen volkstümlichen Überlieferung, das aufdämmernde Bewußtsein eigener geschichtlicher Vergangenheit erhielten damit politisches Gewicht. Allerdings erwuchsen solchen Bestrebungen zur Trennung vom Polentum Hemmnisse, weil Litauer und Polen der gleichen katholischen Kirche angehörten. Die sich ergebenden Spannungen gewannen für die junge litauische

Nationalbewegung schicksalhafte Bedeutung vor allem durch die Tatsache, daß die Geistlichkeit des Landes in ihrer Mehrheit entweder polnischer Herkunft war oder doch noch ganz unter polnischem Einfluß stand. Wohl hatten sich auch hier tiefgehende soziale Wandlungen vollzogen. In den letzten Jahrzehnten waren in immer größerer Zahl litauische Bauernsöhne in sie aufgenommen worden. Sie stellten bereits einen beträchtlichen Teil des niederen Klerus im Lande, rückten vereinzelt auch schon zu höheren Würden auf. Allein die Lösung vom Polentum war ihnen viel schwerer gemacht als den weltlichen litauischen Intellektuellen. In allen drei von Litauern bewohnten Diözesen (Wilna, Schemaiten, Seiny) standen die Bischöfe vorerst den litauischen nationalen Tendenzen schroff ablehnend gegenüber. Von dem Bischof Mieczysław Leonhard Pallulon (lit. Paliulionis) von Schemaiten (geb. 1838, seit 1883 Bischof, gest. 1908), dem Nachfolger des Valančius, wird berichtet, er habe einmal einen Priester gefragt: „Können wir Intellektuellen uns der litauischen Sprache bedienen? Diese ist doch nur für Hirten und Kinder da." Der Bischof Karol Hryniewicz von Wilna (1883—1890) war in der Frage der litauischen Kirchensprache zu keinerlei Konzessionen bereit. Erst seine drei Nachfolger gaben den Forderungen litauischer Pfarrer und Gemeinden hier und da nach, räumten ihnen sogar die kleine St. Nikolauskirche in Wilna selbst ein, suchten aber im übrigen die Anwendung des „polytheistischen Idioms" nach Möglichkeit einzuschränken. In den Priesterseminaren herrschte neben dem Lateinischen das Polnische vor. Nur im Kauener Seminar hatte der noch von Valančius zum Vikar seiner Diözese und Professor ernannte Antanas Baranauskas, ein litauischer Bauernsohn (geb. 1835 in Anykščiai in Hochlitauen, gest. 1902), der selbst als Verfasser litauischer Kirchenlieder und der Dichtung „Anykščiu Šilėlis" (Der Hain von Anykščiai) hervorgetreten war, litauischen Sprachunterricht eingeführt. Dabei leiteten ihn die gleichen Gesichtspunkte wie Valančius und seine Zeitgenossen. Es ging ihm darum, daß die in die Gemeinden hinausgesandten Priester sich mit dem Volk in der Muttersprache verständigten, daß sie es durch Predigt und Unterweisung im katholischen Glauben stärken konnten. Von einer Absetzung gegenüber dem Polentum im nationalen Sinne war bei ihm noch nicht die Rede. Das Litauische galt ihm ebenso wie seinem Bischof Pallulon gleichsam als ein Durchgangsstadium, das bei Aufsteigen zu höherer Bildung durch den Übergang zum Polnischen überwunden wurde. Hinzu kam, daß die höhere Geistlichkeit, auch wenn sie litauischer Herkunft war, ja sogar aus dem Bauerntum stammte, mit dem polnischen bzw. verpolten Adel und Bürgertum gesellschaftlich auf gleicher Stufe verkehrte. Der Anschluß an die junge litauische Nationalbewegung hätte sie in den Augen der polnischen Gesellschaft sozial deklassiert. Daher erfolgten in den beiden letzten Jahrzehnten des 19. Jahrhunderts sogar eine gewisse Intensivierung des polnischen Einflusses als Antwort auf das Umsichgreifen nationallitauischer Tendenzen, ja sogar bewußte Polonisierungsversuche. Mit allen Mitteln war man von polnischer Seite bemüht, die bestehenden Verhältnisse aufrechtzuerhalten.

Freilich war die Lage nicht überall gleich. In der Suvalkija, wo das litauische Bauerntum wirtschaftlich stärker, die Absetzung vom Polentum nicht zuletzt infolge der hier entgegenkommenderen Haltung der russischen Behörden gegenüber den Litauern in manchem deutlicher ausgeprägt war, stellten das (russische) Gymnasium in Marijampolė, das Volksschullehrerseminar in Veiveriai Mittelpunkte nationallitauischer Tendenzen dar, die dem Einfluß des Polentums bis zu einem gewissen Grade entzogen waren und die daher Polonisierungsbestrebungen Widerstand leisten konnten. Zudem stand mindestens seit der Wahl von Baranauskas zum Bischof von Seiny (1897) selbst ein Litauer an der Spitze der Diözese, der in den Auseinandersetzungen zwischen Litauern und Polen Zurückhaltung wahrte. In Schemaiten waren die Beziehungen zwischen dem grundbesitzenden Hoch- und Kleinadel und dem Bauerntum enger als in den übrigen Landesteilen. Hier war der Kleinadel zeitweilig Förderer oder sogar Träger der „litauanistischen Bewegung" gewesen. Die Erinnerung daran war nicht erloschen. Es war kein

Zufall, daß gerade hier nicht nur Kleinadlige, sondern sogar, vereinzelt allerdings, Angehörige des Magnatentums, wie der letzte Besitzer von Plungė, Fürst Michael Ogiński, oder der Graf Tyszkiewicz-Krottingen/Kretinga, an den Bestrebungen der litauischen Intellektuellen Anteil nahmen und deren Publikationen sogar mit Geldmitteln unterstützten. In diesen Jahrzehnten traten die unter dem Schriftstellernamen Lazdynų Pelėda = die Eule von Lazdijai schreibenden Schwestern Sophia Przybylewskaja geb. Iwanowskaja/Ivanauskaitė (1867—1926) und Maria Ivanauskaitė (1873—1957), sowie Maria Peczkowskaja/Pečkauskaitė (Schriftstellername Šatrijos Ragana = die Hexe von Šatrija, 1878—1930) mit ihren vor allem das Leben auf dem litauischen Dorf, auf den Gütern des Kleinadels schildernden Erzählungen hervor. Wenn auch Šatrijos Ragana der Ton der sozialen Anklage fehlt, der Lazdynų Pelėda kennzeichnet, so sind diese schemaitischen Schriftstellerinnen — älter als die Genannten waren Gabriele Petkewicz/Petkevičaitė (Schriftstellername: Bitė = Biene, 1861—1943) und Julia Benjuszewicz-Żymant/Beniuševičiutė-Žimantienė (Pseudonym: Žemaitė = die Schemaitin, 1845—1921) — bereits bewußte Litauerinnen. Bitė hat sich als alte Frau noch in die Konstituierende Versammlung der jungen litauischen Republik wählen lassen und auf deren erster Sitzung den Vorsitz geführt. Wohl gab es auch hier manche polnischen Widerstandszentren, und die höhere Geistlichkeit in Kauen verhielt sich meist ablehnend oder zurückhaltend, wohl waren litauische Priester, welche an den illegalen litauischen Zeitschriften mitarbeiteten, Maßregelungen durch den Bischof Pallulon ausgesetzt, der sie in die zu seiner Diözese gehörigen Diasporagemeinden Kurlands zu versetzen pflegte, um sie zu isolieren und unschädlich zu machen. Indes fehlte den auch hier aufkommenden Spannungen die Schärfe, die sie in der dritten Diözese, in Wilna, annahmen, in der Bischöfe und höherer Klerus nicht nur der Gesinnung, sondern auch der Herkunft nach Polen waren und mit allen Mitteln nicht nur die Litauer, sondern auch die katholischen Weißrussen unter polnischer geistiger und politischer Führung festzuhalten versuchten und, als das nicht mehr im bisherigen Sinne möglich war, mit politischen Mitteln den nationalen litauischen Bestrebungen zu begegnen versuchten.

Innerhalb des litauischen niederen Klerus war aber der Weckruf der „Aušra" nicht ungehört verhallt. Manche litauischen Priester stimmten den durch sie vorgetragenen Anliegen zu. Allein auch wenn sie sich vom polnischen Einfluß befreiten und sich innerlich vom Polentum lossagten, so machten sie andere in der „Aušra" zum Ausdruck kommende Tendenzen kritisch. Die Betonung, die das Blatt auf Sammlung und Darstellung von Zeugnissen litauischen Lebens und Glaubens aus heidnischer Vorzeit legte, erschien ihnen als ein Bruch mit der christlichen Tradition und als eine Gefahr für den Katholizismus. Bereits in der ersten Nummer der „Aušra" hatte J. Mikšas, ein junger memelländisch-litauischer Bauernsohn aus dem Kreise um Martin Jankus, der nach dem Zusammenbruch der „Aušra" eine kurzlebige Zeitschrift „Nemuno Sargas" (Der Wächter an der Memel) herausgab, auf die Dichtung „Witolorauda" des Polen I. Kraszewski hingewiesen, einen romantischen Lobgesang auf den Großfürsten Witowt/Vytautas, und behauptet, dieses Werk sei geeignet, für die Litauer die Stellung des Neuen Testaments einzunehmen. Es sei das Evangelium ihrer einstigen großen nationalen Vergangenheit. Šliupas wiederum, der sozialistischen Ideen zuneigte und dem Katholizismus ablehnend gegenüberstand, hatte, freilich in vorsichtiger Form, soziale und wirtschaftliche Fragen erörtert. Endlich glaubte man, Einflüsse der protestantischen litauischen Gruppe um Jankus wahrzunehmen. Ein Bündnis von Sozialisten, Atheisten und Protestanten und ein Blatt, in dem von der religiösen Erziehung des litauischen Volkes so wenig die Rede war, ja, das die christlich-katholische Tradition mindestens ignorierte, schien den Geistlichen unannehmbar, wollten sie ihrer Berufung treu bleiben. Kein Wunder also, daß manche von ihnen ihren Gemeindegliedern die Lektüre der „gottlosen" Zeitschrift verboten.

Als die „Aušra" ihr Erscheinen einstellte, entschlossen sich daher einige Gruppen von Geistlichen, durch eigene Publikationen dem weiteren Umsichgreifen atheistischer Strömungen zu begegnen. Das erste klerikale Blatt, die 1887 begründete „Šviesa" (Das Licht) versuchte, die aufbrechenden litauisch-polnischen Gegensätze ignorierend, ohne viel Erfolg im Sinne der volksaufklärerischen Bestrebungen eines Valančius u. a. zu wirken. Aber schon die seit 1890 in Tilsit erscheinende „Žemaičių ir Lietuvių Apžvalga" (Schemaitische und Litauische Rundschau), die sich bis 1896 hielt, beschränkte sich nicht darauf, gegen die in den Publikationen der weltlichen litauischen Intellektuellen vertretenden Tendenzen zu polemisieren, sondern bekannte sich offen zur Idee eines „freien litauischen Vaterlandes", dessen politische Zukunft allerdings nicht näher ausgemalt wurde. Sie nahm energisch gegen die Missionsversuche der russischen Orthodoxie Stellung, forderte litauischen Unterricht in den Volksschulen und die Aufhebung des Druckverbotes, polemisierte gegen die kleinen Schikanen der unteren russischen Verwaltungsbehörden, vermied es aber, die Regierung direkt anzugreifen. Auch verlangte sie die Einführung der litauischen Kirchensprache in den von Litauern bewohnten Pfarrgemeinden. Kein Wunder, daß die Mitarbeiter der „Apžvalga" in Konflikt mit ihrer kirchlichen Obrigkeit gerieten und Bischof Pallulon mehrere von ihnen, darunter den jungen Priester Juozas Tumas-Vaižgantas, strafversetzte.

Indes machte sich gerade der letztgenannte wenig später zum Exponenten einer gemäßigten Richtung, die im „Tėvynės Sargas" (Wächter des Vaterlandes), der von 1896—1906 erschien, ein klerikal-konservatives Publikationsorgan schuf. Im Gegensatz zur „Apžvalga", die zwar auch kein festumrissenes national-politisches Programm formuliert hatte, aber für eine Autonomie vorerst auf dem Gebiete des Schul- und Bildungswesens eingetreten war, lehnte der „Tėvynės Sargas" eine Änderung der bestehenden politischen Verhältnisse eindeutig ab. Seine politische Haltung ergibt sich aus einem Artikel von Tumas-Vaižgantas aus dem Jahre 1900, in dem es heißt: „Die Forderung nach einer politischen Unabhängigkeit Litauens halten wir für einen leeren Wahn und protestieren gegen sie, welche in einem von der

Litauischen Sozialdemokratischen Partei herausgegebenen Büchlein offen ausgesprochen wird. Die „Wächter" und mit ihnen das gesamte bis in die Knochen konservative Litauen erkennen den russischen Zaren als ihren rechtmäßigen Herrn an; von Rußland wollen wir uns nicht trennen, sondern wollen nur für unser Volkstum und unseren katholischen Glauben arbeiten... Nicht durch Revolution, nicht durch Aufstand, nicht durch Unterstützung der Feinde Rußlands, sondern durch offenes und ehrliches Arbeiten und Kämpfen für unsere Rechte haben wir Litauen gedient und gedenken wir ihm weiterhin zu dienen." Das Verhältnis zum Polentum blieb unerörtert.

Die scharfe Ablehnung der weltlichen litauischen Presseorgane und der von ihnen nunmehr klar formulierten politischen Ziele seitens des „Tėvynės Sargas", der von ihm ausgesprochene und in dieser Form von der vorausgegangenen „Apžvalga" durchaus nicht geteilte politische Konservatismus mußten die bestehenden Differenzen mit den Kreisen der jungen litauischen Intellektuellen um so mehr verschärfen, als diese inzwischen sehr rege tätig gewesen waren und immer neuen Zuwachs an Mitarbeitern gewonnen hatten.

Auf Initiative des jungen litauischen Mediziners Vincas Kudirka hatten die litauischen Studenten in Warschau die Vereinigung „Litauen" ins Leben gerufen (1888) und die Verbindung zu anderen Gruppen, vor allem zu den kleinen litauischen Studentenzirkeln in Moskau hergestellt. Gemeinsamen Bemühungen gelang es, im „Varpas" (Die Glocke), einer 1889 begründeten, von M. Jankus gedruckten und bis 1892 mitgeleiteten Monatsschrift, einen neuen geistigen Mittelpunkt für alle litauischen Gruppen zu schaffen. Die Redaktion übernahm Šernus (J. Adamavičius), die Seele des Unternehmens war der inzwischen als Arzt nach Schaken/Šakai in der Suvalkija übergesiedelte Kudirka.

Das neue Blatt unterschied sich deutlich von der „Aušra". Wirtschaftliche und soziale Fragen wurden erörtert. Insbesondere traten Bestrebungen zutage, die soziale Basis des Litauertums zu erweitern und die Bauernsöhne zu veranlassen, ein Handwerk zu erlernen, kleine Gewerbebetriebe zu eröffnen, um damit Eingang in die kleinen Landstädtchen zu finden, deren Bevölkerung zum überwiegenden Teil jüdisch, polnisch, russisch oder, so z. T. in der Suvalkija, deutsch war. Hinweise auf die Verbesserung der bäuerlichen Betriebsmethoden wurden gegeben. Im Vordergrunde stand die Forderung nach litauischen Schulen und damit die Ablehnung der russischen Überfremdung, aber auch die Gegnerschaft gegen die polnische Bevormundung. Der Stärkung des litauischen Selbstbewußtseins diente auch die Pflege der litauischen Dichtung, zu der Kudirka selbst, nicht zuletzt durch die von ihm auch in Musik gesetzte Volkshymne „Lietuva, tėvynė mūsų" (Litauen, du unser Vaterland), der späteren Nationalhymne, Wesentliches beitrug.

Der „Varpas" war nicht Organ einer einzigen politischen und weltanschauenden Richtung, sondern faßte sie alle zusammen. Wie nicht anders zu erwarten, zeigten sich innerhalb der Kreise der jungen litauischen Intellektuellen Einflüsse der mannigfachsten Art. Im „Varpas" fanden sich in Ansätzen bereits alle späteren politischen Gruppierungen. Im Groben lassen sich drei Richtungen erkennen: die Sozialisten, deren Auffassung A. Veliuoniškis bereits 1893 zum Ausdruck brachte („Einige Worte über die Frage des Volkstums"), die linksliberalen Demokraten und eine in ihrer politischen Zielsetzung noch nicht eindeutig festgelegte Mittelgruppe, die nur eine kulturelle Autonomie erstrebte. Gemeinsam war den beiden erstgenannten Gruppen, daß sie die Erringung der nationalen Autonomie nicht auf dem Wege des Kompromisses, sondern nur auf dem des aktiven Kampfes gegen den Zarismus für möglich hielten.

Neben dem „Varpas" begründeten die Kreise um diese Zeitschrift noch zwei andere Blätter: den „Ūkininkas" (Der Bauer), der seit 1890 in Tilsit erschien, Ende des Jahres 1905 nach Wilna übersiedelte und sich bis in die Zeit der litauischen Eigenstaatlichkeit erhielt, und die „Naujienos" (Neuigkeiten, 1901—1904), ein wirtschaftlichen und kulturellen Fragen gewidmetes Blatt der gemäßigten Mittelgruppe, das sich mit den Tendenzen des

„Ūkininkas" nicht einverstanden erklärte. Schärfer als der „Varpas" selbst, jedenfalls in seiner Anfangszeit, forderte der „Ūkininkas" die Bauern zum aktiven Kampf gegen die russische Verwaltung auf. Eine Artikelserie „Die Litauer unter moskowitischem Joch" fand als gesonderte Broschüre weite Verbreitung. Sie schloß mit der Aufforderung, für die Freiheit und politische Selbständigkeit Litauens zu kämpfen.

Damit waren die Träger der litauischen Nationalbewegung über die erst undeutlich, dann immer schärfer formulierten Ziele einer kulturellen Autonomie hinausgelangt und in den Bereich des Politischen eingetreten. Hierbei wirkten nicht nur nationale, sondern auch soziale Kräfte mit, und es war kein Zufall, sondern ergab sich aus der ganzen bisherigen Entwicklung, daß der Durchbruch zur aktiven Parteipolitik von seiten der litauischen Marxisten erfolgte.

Diese hatten schon im „Varpas" die wirtschaftlichen Fragen betont und die Ansicht vertreten, daß erst die ökonomischen Voraussetzungen einer politischen und kulturellen Befreiung der Litauer von der russischen Fremdherrschaft geschaffen werden müßten. 1895 trennten sie sich von den übrigen Gruppen und gründeten im Verein mit polnischen Sozialisten in Wilna und Kauen — selbstverständlich insgeheim und illegal — die „Litauische Sozialdemokratische Partei", die sich 1896 mit einem festen politischen Programm an die Litauer wandte. Anfänglich stand diese Partei sehr stark unter dem Einfluß der Sozialdemokratischen Partei Polens, die im Gegensatz zu der 1893 entstandenen Polnischen Partei der Sozialisten (PPS) an dem Gedanken der Solidarität der polnischen und russischen Arbeiterklasse festhielt. Sie hatte aber auch Verbindungen zur russischen Sozialdemokratie. Ihr hat anfänglich Dzierżyński, der spätere Schöpfer der Tscheka, angehört. Ihr Publikationsorgan, „Lietuvos Darbininkas" (Der Arbeiter Litauens), erschien in litauischer und polnischer Sprache. Bereits im darauffolgenden Jahre trat der „Aidas" (Das Echo) an seine Seite (1897). In einem Artikel von A. Lietuvis (Deckname) wurde 1899 das politische Ziel der Partei folgendermaßen formuliert: „Der wichtigste

Punkt ist die Erringung der vollen politischen Autonomie der Litauer, die sich in einer freien Föderation mit anderen benachbarten Völkern, welche gewillt sind, ihnen eine solche politische Autonomie zuzugestehen, finden werden. Das litauische Proletariat erstrebt also volle Selbstverwaltung, will sich von der Herrschaft fremder Völker und deren Regierungen trennen und kämpft dafür, daß die Litauer selbst in Litauen herrschen sollen, selbst ihre Gesetze erlassen, selbst deren Durchführung überwachen. Da es unter den gegenwärtigen Umständen unwahrscheinlich ist, daß die Litauer einen eigenen Staat erhalten werden, so vereinigen wir uns mit anderen benachbarten Völkern, die unsere Selbstverwaltung nicht antasten wollen." Unter den Völkern, mit denen eine gemeinsame Aktion möglich sei, werden die Polen, Letten, Weißrussen, Ukrainer u. a. genannt, doch erscheint auch eine Zusammenarbeit mit den Russen selbst als durchaus denkbar, wenn diese sich von ihren Entnationalisierungstendenzen, ihrem Zentralismus und ihrer zaristischen Regierungsform lossagen, d. h. wenn sie sich dem Sozialismus anschließen.

Ähnliche Gedanken, nur mit der einen Abwandlung, daß an eine Föderation nicht mehr gedacht war, an einer solchen mit den Polen indessen noch festgehalten wurde, vertrat eine kleine Gruppe litauischer Sozialdemokraten in der 1901 in London begründeten Zeitschrift „Darbininkų Balsas" (Die Stimme des Arbeiters), die unter der litauischen Bauernjugend vor allem in der Suvalkija weite Verbreitung fand, wenn auch die sozialistischen und klassenkämpferischen Parolen von ihr nicht immer verstanden wurden. Es ist unklar, ob sich in dieser Gruppe Einflüsse der PPS geltend machten.

Da die Sozialisten über einen größeren Kreis von Agitatoren verfügten und auch zu Flugblattaktionen schritten, wurden sie zu einem der aktivsten Elemente der litauischen Nationalbewegung. Im Revolutionsjahr 1905 reihten sie sich in die Front der revolutionären Parteien ein, vermochten einen Teil der litauischen Schuljugend und der Studenten für sich zu gewinnen und erhoben durch den Mund eines ihrer Führer, A. Mickevičius-

Kapsukas, die Forderung nach einer unabhängigen litauischen Republik (1904). Sie waren damit den anderen Gruppen um ein beträchtliches Stück voraus und konnten, als die Gelegenheit sich bot, Vertreter in die russische Reichsduma, das durch das Oktobermanifest von 1905 zugestandene russische Parlament, zu entsenden, anfänglich ihre Kandidaten unbestritten durchbringen.

Die liberalen Demokraten hatten sich inzwischen 1902 zur ebenfalls illegalen „Litauischen Demokratischen Partei" zusammengeschlossen und ihr Parteiprogramm formuliert, das im „Varpas", ihrem nunmehrigen Parteiorgan, erschien. Diese Partei stützte sich vor allem auf das Bauerntum, für dessen Belange der „Ūkininkas" sich einsetzte, und wandte ihre Hauptaufmerksamkeit daneben den kleinen Handwerkern und Gewerbetreibenden und der Landarbeiterschaft zu. Während anderwärts im ostmitteleuropäischen Raum die nationaldemokratischen Parteien sich auf ein städtisches Bürgertum stützen konnten, gab es eine solche mittelständische Schicht nur in Ansätzen. Es überwogen daher in dieser Partei linksliberale, ja sozialistische Züge, und es entsprach durchaus ihrem Wesen, daß die Partei ihren Namen im Jahre 1914 in „Litauische Volkssozialistische Demokratische Partei" änderte. Ein von nationaler und staatlicher Fremdherrschaft freies und unabhängiges Litauen wurde gefordert. Dabei erfolgte insofern eine Klärung des Begriffes „Litauen", als dessen Kern die Gouvernements Kauen und Wilna bilden sollten, mit denen das Gouvernement Suwalki zu vereinigen sei.

Die russische Regierung hatte vergeblich versucht, durch Verfolgungen und Unterdrückungen, durch die Beschlagnahme der zu vielen Zehntausenden über die Grenze geschmuggelten litauischen Zeitschriften, Bücher und Broschüren dem Wachstum der litauischen nationalen Bewegung Einhalt zu gebieten. Besonnene Männer erkannten schon früh die Erfolgslosigkeit dieser Bemühungen. Der Generalgouverneur von Warschau, Fürst Imeretinski, riet schon 1898 zu Entgegenkommen gegenüber den Litauern. Der Generalgouverneur von Wilna, Fürst Swjatopolk-

Mirskij, der im September 1904 Innenminister wurde, hatte schon während seiner Amtszeit in Wilna der Regierung vorgeschlagen, wenigstens das Druckverbot für litauische Schriften in lateinischen Lettern aufzuheben, damit die Publikationstätigkeit der Litauer besser kontrolliert werden könne. Zwar glaubte er noch an eine allmähliche Russifizierung des litauischen Volkes, wenn man ihm entgegenkomme, doch erkannte er richtig, daß mit der bisherigen Politik erst recht nichts zu gewinnen sei. Als der unglückliche Verlauf des russisch-japanischen Krieges die revolutionäre Bewegung im ganzen Reiche anschwellen ließ und auch in den westlichen Grenzgebieten Unruhen drohten, entschloß man sich in St. Petersburg zum Nachgeben. Durch Dekret vom 24. April 1904 wurde den Litauern der Druck von Schriften in ihrer Muttersprache und mit lateinischen Lettern wieder gestattet. Die Begründung, die man diesem Akt gab, wirft ein bezeichnendes Licht auf russische Regierungsmethoden: es sei den Litauern eigentlich nie durch Gesetz verboten gewesen, hieß es da, Schriften in ihrer Muttersprache herauszubringen, sondern die Generalgouverneure hätten durch jeweilige Verordnungen „eigenmächtig" ein solches Verbot erlassen.

Allein die Aufhebung des Druckverbotes, so sehr sie einem seit Jahrzehnten gehegten Wunsche der Litauer nachkam, vermochte nun nicht mehr viel auszurichten. Die von den Geistlichen geleiteten Zeitschriften zwar stellten ihr Erscheinen im Auslande ein und übersiedelten nach Litauen. Der „Varpas" der „Ūkininkas", der „Darbininkų Balsas" jedoch, damit die Organe der bisher bestehenden beiden litauischen Parteien, blieben vorerst im Auslande und verstärkten ihre Agitation gegen die russische Fremdherrschaft im Lande. „Die Erlangung der Druckfreiheit ist zweifellos eines der wichtigsten Ereignisse unseres politischen und gesellschaftlichen Lebens", schrieb der „Varpas", „und wir nehmen sie entgegen wie ein von uns erkämpftes Recht; wir verstehen durchaus die Wichtigkeit dieses Rechtes ... Indes dürfen wir dabei eines Umstandes nicht vergessen: wir haben nämlich keine freie, sondern eine beaufsichtigte, stark eingeschränkte, eine zensurierte Presse erhalten.

Aus der Hand der zaristischen Regierung konnten wir allerdings nichts anderes erwarten. Eine freie Presse, ohne die kein Volk sich so, wie es notwendig ist, entwickeln kann, werden wir nach Abschüttelung der zaristischen Herrschaft erlangen. Für die Befreiung von dieser Herrschaft hat jeder einzelne, der seinem Volke dienen will, selbst zu kämpfen und andere zum Kampf aufzurufen."

Der Ausbruch der russischen Revolution von 1905 brachte den Litauern weitere Rechte und Zugeständnisse. Trotz der eifrigen, im Verein mit russischen Sozialdemokraten betriebenen Agitation litauischer Sozialisten unter den Bauern und Landarbeitern kam es im Lande nur zu wenigen größeren Unruhen. Die russische Regierung glaubte daher der Bevölkerung dieses ihr so wichtigen Grenzgebietes entgegenkommen zu sollen, indem sie sie zu Petitionen aufforderte, in denen die von ihr gewünschten Maßnahmen auseinandergesetzt werden sollten. Bereits am 14. Mai 1905 gestattete ein Dekret die Zulassung des Litauischen als Schulsprache in Privatschulen. Zugleich wurden die Bestimmungen aufgehoben, die dem Erwerb von Grund und Boden durch Litauer entgegenstanden. Die ins Ausland gegangenen oder verbannten Mitglieder der litauischen Nationalbewegung durften zurückkehren. Das Zarenmanifest vom 17. Oktober 1905 garantierte unter anderem die Vereins- und Versammlungsfreiheit und am 31. Oktober 1905 wurden die Rechte der orthodoxen Staatskirche neu gefaßt und der Übertritt von ihr zu einem anderen Bekenntnis ermöglicht. Damit war man einer Forderung der katholischen Geistlichkeit nachgekommen und die Möglichkeit gegeben, daß erzwungene Übertritte zur Orthodoxie rückgängig gemacht werden konnten.

Die neue Lage wurde von den Litauern sogleich ausgenützt. Der inzwischen aus Bulgarien in die Heimat zurückgekehrte Basanavičius und andere Vertreter der litauischen nationalen Gruppen veranstalteten am 22. Oktober 1905 in Wilna eine Tagung, auf der ein Memorandum an den neuen russischen Ministerpräsidenten Sergej Witte verfaßt und diesem übersandt wurde. Darin wurde gefordert: weitgehende nationale Autonomie mit einem Landtage in Wilna, Einführung des Litauischen als Verwaltungssprache im gesamten litauischen Siedlungsgebiet, Vereinigung des Gouvernements Suwalki mit den beiden anderen von Litauern bewohnten Verwaltungsbezirken, Errichtung eines litauischen Schulwesens. Den anderen im Lande lebenden Nationalitäten sollten gleiche Rechte zugestanden werden.

Zugleich mit diesem Memorandum hatten die in Wilna versammelten litauischen Vertreter einen Aufruf an das litauische Volk erlassen, in dem sie einen Landtag nach Wilna ausschrieben und dazu je einen Delegierten von jedem Amtsbezirk und jeder Pfarrgemeinde und alle litauischen Intellektuellen einluden.

Dieser „Große Litauische Landtag" fand vom 4.–6. Dezember 1905 in Wilna unter Teilnahme von rund 2000 Delegierten aus allen Teilen des Landes und allen Außengruppen in Moskau, St. Petersburg, Odessa usw. statt. Basanavičius, der den Vorsitz führte, hatte zunächst nur an eine nationale Manifestation und an ein Wirtschafts- und Kulturprogramm gedacht. Er stand den inzwischen herrschend gewordenen politischen Strömungen mit einer gewissen Reserve gegenüber. Allein die Versammlung befaßte sich sogleich mit dem Zentralproblem, der politischen Zukunft des Landes, und verabschiedete eine Resolution, deren 4 Punkte besagten: 1. Das litauische Volk schließe sich den Befreiungsbewegungen aller Völker Rußlands an; 2. Eine nationale Autonomie auf territorialer Grundlage mit einem auf Grund demokratischer Wahlen zustande gekommenen Landtage in Wilna und die Vereinigung des Gouvernements Suwalki mit den übrigen litauischen Gebieten werden zu unabdingbaren Forderungen erklärt; die Beziehungen zu den Nachbarvölkern sollten auf föderativer Grundlage geregelt werden; 3. Zur Erlangung dieser Forderungen wurde eine Stärkung der bestehenden politischen Parteien, der Zusammenschluß aller nationalen Kräfte, Boykott der fremden Interessen dienenden Einrichtungen bis zur Kriegsdienstverweigerung und zum Streik und Ausstand in Stadt und Land vorgesehen; 4. In allen amtlichen Institutionen, insbesondere in den Gerichten und Schulen, sei das Litauische als Amtssprache einzuführen. Das

Recht der freien Lehrerwahl wurde verlangt. Den Litauern der Diözese Wilna wurde in ihrem Kampf um die litauische Kirchensprache jede Unterstützung zugesagt.

Diese Forderungen wurden dem Generalgouverneur von Wilna, Fröse, überreicht, von diesem anerkannt und ihre Berücksichtigung durch die russische Regierung und die einzuberufende Reichsduma in Aussicht gestellt. Vorerst wurde die litauische Sprache in den staatlichen Volksschulen und den Gemeindeverwaltungen zugelassen.

Im Anschluß an den Wilnaer Landtag fanden Sondersitzungen der Geistlichen, der Lehrer und der Bauern statt. Die Gruppe um den „Ūkininkas", die auf der letztgenannten Tagung das Wort führte, begründete einen „Litauischen Bauernbund" als neue Partei. Der „Ūkininkas" verlegte seinen Sitz nach Wilna und erschien fortan als offizielles Parteiorgan unter dem Titel „Lietuvių Ūkininkas". In einer Resolution forderte die neue Partei allgemeine demokratische Wahlen zum Wilnaer Landtage, der die Regierung des Landes zu bilden habe. Jede Bevorzugung einzelner Schichten wurde auf das schärfste abgelehnt, die bevorrechtete Stellung der russischen Beamtenschaft in den Städten und des Großgrundbesitzes sollte beseitigt werden.

Das Hervortreten der Litauer, von der russischen Regierung geduldet und unterstützt mit der Absicht, die gegenseitigen Rivalitäten zwischen ihnen und den Polen zu verschärfen, hatte die Abwehr der Polen auf den Plan gerufen. Während die hohe Geistlichkeit Kauens sich zurückhielt, wurde der inzwischen zum Bischof von Wilna ernannte Baron Eduard von der Ropp, Angehöriger des polnischen Zweiges eines deutschbaltischen Adelsgeschlechtes, zum fanatischen Gegner der national-litauischen Bestrebungen im Bereich seiner Diözese. Bereits 1905 griff er aktiv in die Politik ein und begründete eine „Katholischdemokratische Partei", in der sich Polen, Litauer und Weißrussen zusammenfinden sollten. Der Kampf um die litauische Kirchensprache nahm immer schärfere Formen an und führte zu blutigen Zwischenfällen in verschiedenen Teilen der Wilnaer

Diözese, griff aber auch in die Bistümer Schemaiten und Seiny hinüber. Die polnischen Zeitungen und Zeitschriften, vor allem jene nationaldemokratischer Richtung, unterstützten Ropp und bekämpften die litauischen nationalen und politischen Bestrebungen auf das heftigste. Ein Appell seitens litauischer Pfarrer und Gemeinden um Abhilfe der Angriffe des „Panpolonismus" an den Papst fand in Rom kein Gehör. Die Reserve, ja Ablehnung, mit der weite Kreise der Litauer noch Jahre später dem Vatikan gegenüberstanden, hat in diesen Kämpfen mit dem polnischen Klerus seine Ursache.

Die litauischen Geistlichen sahen sich daher in eine schwierige Lage gedrängt. Viele von ihnen fühlten sich eins mit der weltlichen litauischen Intelligenz. Andere, wie der bedeutendste Schüler von Baranauskas, der Dichter Jonas Mačiulis-Maironis, hielten sich zurück. Als es 1906 zur Begründung einer „Christlich-demokratischen Partei" kam, in der sich die Mitarbeiter der „Apžvalga" und des „Tėvynės Sargas" zusammenfanden, wurde ein vorläufiges Programm formuliert, das weitgehend auf der Enzyklika Leos XIII. „Rerum novarum" aufbaute, in seinen konkreten politischen Zielen jedoch unklar blieb. Dessenungeachtet ist ihr Einfluß auf das Landvolk auch in der Folgezeit ein sehr bedeutender geblieben.

Das Wahlsystem, das die russische Regierung für die Wahlen zu den ersten beiden Reichsdumen vorsah, brachte den Litauern erhebliche Nachteile. Da Großgrundbesitzer, Städter, Bauern und Arbeiter getrennt nach Kurien wählten, wobei zunächst nur Wahlmänner nominiert wurden, und da der Wahlzensus für die unteren Bevölkerungsklassen am ungünstigsten war (je 30 000 Bauern, je 90 000 Arbeiter, aber je 2000 Gutsbesitzer und je 7000 Städter stellten einen Wahlmann), so ergab sich schon dadurch ein Nachteil für die Litauer. Zudem war für die Nationalitäten keine Möglichkeit gegeben, nationale Abgeordnete durchzubringen, sofern es nicht gelang, die Gesamtbevölkerung der Wahlbezirke zu gewinnen. In den Städten hatte das polnische und jüdische Element eine eindeutige Mehrheit. Auf die Landbevölkerung übten Gutsbesitzer und Geistlichkeit noch immer großen Einfluß aus. Bei dem einsetzenden Wahlkampf erwies sich, daß die litauischen Parteien „Generale ohne Armee" (A. Šapoka) waren. Die Lage verschlimmerte sich, als das neue Wahlgesetz, das die russische Regierung nach der Auflösung der zweiten Reichsduma 1907 erließ, den Wahlzensus für die unteren Schichten weiter herabsetzte, um Angehörige von der Regierung nicht genehmen Gruppen und Parteien möglichst nicht ins Parlament einziehen zu lassen.

Die Schicht der litauischen Intellektuellen war noch 1912, z. B. in der Gouvernementshauptstadt Kauen, außerordentlich dünn. Es waren Priester, unter ihnen der Dichter Maironis, inzwischen zum Rektor des Kauener Priesterseminars ernannt, einige Rechtsanwälte und Ärzte, Lehrer und Lehrerinnen, die sich in kleinen Zirkeln und Gruppen zusammenfanden, Vereine, wie die „Daina", die auch Theateraufführungen veranstaltete und vor allem die literarisch tätigen und interessierten jüngeren Litauer zusammenschloß, oder christliche Organisationen (St. Josephs-Verein, St. Kasimir-Gesellschaft, letztere 1906 begründet, kath. Frauenverein usw.) mit volkserzieherischen oder karitativen Zielsetzungen gründeten. Kleine Kreditvereine dienten der Absicht, die von der russischen Regierung sequestrierten Güter aufzukaufen, zu parzellieren und als Kleinwirtschaften an litauische Bauern zu veräußern. Das politische Leben entsprach dieser Situation. „Die Parteiorganisationen waren klein ... Man kann sagen, daß es hier keine Parteien, sondern nur unorganisierte Zirkel gab, die sich um das eine oder andere Blättchen oder den einen oder anderen Verein gebildet hatten. Unsere wenig zahlreiche Intelligenz, soweit sie im Lande geblieben war und sich aus den Angehörigen der freien Berufe, wie Ärzten, Rechtsanwälten, Künstlern und einer geringen Zahl von Staatsbeamten zusammensetzte, stellte ein Abbild der gesamten russischen Intelligenz mit den ihr eigentümlichen Kennzeichen und Ideologien dar; sie hatte sich vorgenommen, gegen die bestehende soziale Ordnung anzukämpfen, zugleich aber auch eine gehörige Dosis von Internationalismus, Nihilismus und Atheismus in sich aufgenommen." (M. Yčas).

Bemerkenswerterweise waren nicht die Sozialdemokraten, sondern die liberalen Demokraten heftigste Gegner des Klerikalismus. Ihre Stellungnahme gegen einen Mann wie Yčas, der selbst Calvinist war, aber aus Überzeugung die Bestrebungen der katholischen Organisationen billigte und förderte, weil er in der Erhaltung des angestammten Glaubens eine auch politisch bedeutsame Aufgabe zum Wohle des Volksganzen sah, war schärfer als die der Sozialdemokraten. Bei den Wahlen kam es zwischen diesen Gruppen zu heftigen Auseinandersetzungen und Konflikten. Beeinflussungsversuche der Wähler bis zum Stimmen- und Kandidatenkauf waren an der Tagesordnung. Da das Bauerntum nur sehr unvollkommen über die bestehenden Gegensätze unterrichtet war, vollzogen sich die Auseinandersetzungen im engsten Rahmen, ohne die Kontrolle einer breiteren Öffentlichkeit, im Kreise der Wahlmänner (für das Gouvernement Kauen insgesamt 25). Die große Masse des litauischen Bauerntums konnte unter diesen Umständen gar nicht zu einer echten politischen Willensbildung erzogen werden. Die Gutsbesitzer leisteten den litauischen nationalen Bestrebungen zum größten Teile Widerstand — mit Ausnahme vereinzelter, vor allem im Kreise Birsen/Biržai — und übten auf die von ihnen abhängigen Bauern und einen Teil der Geistlichen bestimmenden Einfluß aus. Die Kleinadligen Schemaitens z. B. waren noch 1912 in ihrer nationalen Haltung unsicher. Um sich überhaupt durchsetzen zu können, waren die Litauer gezwungen, ein Wahlbündnis mit den Juden einzugehen, so daß von den 8 Vertretern in der ersten und zweiten Duma, von den 5 in der dritten und vierten jeweils einer ein Jude war.

Waren die litauischen Dumavertreter gewählt, dann ergab sich für sie die Notwendigkeit, sich einer der bestehenden russischen Parteien anzuschließen. Innerhalb einer solchen Fraktion mußten sie, um überhaupt zum Zuge zu kommen, nicht nur die allgemeinen Parteiziele vertreten, mochten sie auch durchaus nicht in allem mit ihnen einverstanden sein, sondern durch persönliche Einflußnahme und geschicktes Handeln sich die Unterstützung der Fraktionskollegen für ihre nationalen Bestrebungen zu gewinnen versuchen. Das hätte an erfahrene, im politischen und parlamentarischen Leben geschulte Männer sehr hohe Anforderungen gestellt, wieviel mehr an die soeben erst aus bäuerlicher Umwelt aufgestiegenen jungen Litauer, denen eine solche Schulung völlig fehlte. Für die Litauer ergab sich dabei die besondere Schwierigkeit, daß sie nicht nur gegen Russifizierung, Orthodoxie und Zentralismus, sondern in gleichem Maße gegen das Polentum in Opposition standen, sich also mit den Polen nicht zusammentun konnten. Es ist daher kein Wunder, daß die litauischen Dumavertreter keine für das weitere Schicksal ihres Volkes entscheidende oder auch nur bedeutende Rolle spielen konnten, ganz abgesehen von dem beschränkten Wirkungsbereich der Duma im politischen Leben des Gesamtreiches. Im Rahmen ihrer Parteien versuchten sie, ihre Autonomieforderungen und sonstigen nationalen Interessen durchzusetzen, allerdings meist mit wenig Erfolg. Noch 1917 lehnte Miljukow, der Führer der Partei der Konstitutionellen Demokraten („Kadetten"), die litauische Autonomie ab. Von den 7 litauischen Vertretern in der ersten Duma (5 aus dem Gouvernement Kauen, 2 aus dem Gouvernement Suwalki, während es den Litauern in Gouvernement Wilna niemals gelungen ist, einen Kandidaten durchzubringen) schlossen sich 3 den „Kadetten" an, 2 den sog. „Trudowiki" (= Werktätige, eine Sammelpartei sozialrevolutionärer Gruppen), 2 parteilosen Gruppen; in der zweiten Duma waren von den 7 litauischen Vertretern 5 Sozialisten, nur mehr einer Mitglied der Partei der „Trudowiki", einer (Petras Leonas, der später in der litauischen Innenpolitik noch eine Rolle spielen sollte) „Kadett". In der dritten Duma, die nach dem veränderten Wahlgesetz zustande kam, waren von den 4 Litauern 3 Trudowiki, einer Sozialist. In der vierten Duma waren 2 „Kadetten", einer „Trudowik" und einer Parteiloser (Pfarrer J. Laukaitis, der nur mehr einzige litauische Vertreter des Gouvernements Suwalki). Die parteimäßige Zusammensetzung der litauischen Dumavertretung vermag gewiß keinen Einblick in die politischen Verhältnisse des Landes zu vermitteln, da ihr Zustandekommen von allerlei Zufällen abhängig war und die politische Überzeugung der Bevölkerung, soweit von einer solchen überhaupt gesprochen werden kann, nicht widerspiegelte. Zudem war der Entschluß, sich einer der russischen Parteien anzuschließen, dem einzelnen Gewählten mehr oder weniger selbst überlassen. Allein, es läßt sich doch feststellen, daß von 1906 bis 1912 die sozialistischen Parteien oder politischen Gruppen, die anfänglich durchaus das aktivste und führende Element darstellten, langsam an Boden verloren und gemäßigteren Richtungen weichen mußten.

Der Umschwung, den die Jahre 1904 und 1905 herbeigeführt, die Bewegungsfreiheit, die sie dem Litauertum beschert hatten, bewirkte, daß man sich unter den neuen Verhältnissen einzurichten begann. Ein reges Vereinsleben, eine zwar unter Zensur stehende, aber eben doch in der Öffentlichkeit tätige Presse, die günstigen Auswirkungen der im Gouvernement Kauen recht weit vorangetriebenen Separierung des bäuerlichen Bodenbesitzes im Zusammenhang mit der Stolypinschen Agrarreform (seit 1906), die ungehinderte Verbindung der Litauer in der Heimat mit den Amerika-Litauern, die in einer mehrmonatigen Reise von Basanavičius und des Dumaabgeordneten M. Yčas durch die Vereinigten Staaten gipfelte (1913), nicht zuletzt der fühlbar nachlassende Druck seitens der orthodoxen Staatskirche bewirkten, daß konservative Strömungen die Oberhand gewannen. Es kam hinzu, daß gerade in diesen Jahren die Auseinandersetzungen mit dem Polentum im Gouvernement Wilna ihren Höhepunkt erreichten und hier die russischen Behörden die litauischen Klagen und Wünsche merklich unterstützten. Russenfreundliche Stimmungen finden deutlichen Ausdruck in einer Solidaritäts- und Sympathieerklärung, die das 1914 in Wilna entstandene und Vertreter aller Gruppen umfassende „Litauische Zentrum" durch den Abgeordneten Martynas Yčas der russischen Regierung und Öffentlichkeit zukommen ließ; erst als der russische Ministerpräsident Goremykin in völliger Verkennung dessen, was ihm von den Litauern angeboten wurde, Yčas gegenüber kaum die äußeren Höflichkeitsformen wahrte und dadurch ihm und der litauischen Vertretung eine schwere Kränkung zufügte, die ihnen deutlich vor Augen führte, wie wenig man an höchster Stelle ihnen und ihrem Schicksal Beachtung schenkte, bahnte sich ein Umschwung an; man versuchte litauischerseits nun die Verbindung zu den Amerika-Litauern und zu Gruppen in Stockholm und in der Schweiz (J. Gabrys) aufzunehmen, um politischen Forderungen des Litauertums in der Weltöffentlichkeit Gehör zu verschaffen. Eine Denkschrift des Wilnaer Zentrums, die Yčas über Schweden in die USA gelangen ließ, erhob als ersten Programmpunkt die Forderung nach der Vereinigung der beiden litauischen Gouvernements Wilna und Kauen mit Suwalki und mit „Klein-Litauen", d. h. dem östlichen Ostpreußen, zu einem „Groß-Litauen". Man glaubte litauischerseits zunächst noch an einen Sieg der Alliierten. Weiter wurde verlangt: die Möglichkeit selbständiger Entscheidung über die politische Zukunft, Kulturautonomie und — Neutralität einschließlich „militärischer Immunität", sei es auch in Form eines Protektorats einer Großmacht, wobei wohl an die USA gedacht war. Diese Forderungen boten solange einen gewissen politischen Ansatzpunkt, als die USA neutral blieben, wenn sie freilich auch — z. B. in der Forderung nach Neutralität und „militärischer Immunität" — kaum realisierbar waren.

Die Besetzung Litauens durch deutsche Truppen und damit eine neue Fremdherrschaft ließen dieses litauische politische Programm vorerst freilich als illusorisch erscheinen.

XIII. DER ERSTE WELTKRIEG

In der Zeit vom März bis zum September 1915 wurde das gesamte von Litauern bewohnte Gebiet von deutschen Truppen besetzt[1]. Die zurückweichenden Russen zogen nicht nur den gesamten Verwaltungsapparat aus dem Lande, sondern zwangen große Teile der ansässigen Bevölkerung zur Flucht ins Innere Rußlands, wo sie angesichts der immer schlechter werdenden Lebensverhältnisse vielfach Not und Elend preisgegeben war.

Das in Petersburg gegründete „Litauische Hilfskomitee für die Flüchtlinge", an dessen Spitze der litauische Dumaabgeordnete und Angehörige der russischen Partei der Konstitutionellen Demokraten („Kadetten"), Rechtsanwalt Dr. Martynas Yčas, stand, versuchte ihr zu steuern und wurde darüber zum wichtigen nationalen Sammelpunkt.

Auch im besetzten Heimatland war ein solches Hilfskomitee begründet und zunächst auf rein karitative Aufgaben beschränkt worden, da die deutschen Besatzungsbehörden anfangs jede politische Tätigkeit untersagten. Die Verwaltungsaufgaben wurden von den Deutschen wahrgenommen; den Etappeninspektionen wurden Verwaltungschefs zugeteilt, die dem Oberbefehlshaber Ost, Generalfeldmarschall Prinz Leopold von Bayern, unterstellt waren. Ihnen waren Kreishauptleute, Bürgermeister und die Feldgendarmerie unterstellt. Der Chef des Stabes Ober-Ost, General Ludendorff, schuf daraus allmählich eine Verwaltungseinheit, das „Land Ober-Ost", das zunächst in die sechs Verwaltungsbezirke Kurland, Litauen, Suwalki, Wilna, Bialystok und Grodno zerfiel. Im Mai 1916 wurden Wilna und Suwalki zusammengelegt, im März 1917 mit Litauen

---

[1] Vgl. hierzu G. Linde, Die deutsche Politik in Litauen im Ersten Weltkrieg (Wiesbaden 1964).

zur Militärverwaltung Litauen zusammengefügt; im November 1916 wurden Grodno und Bialystok zusammengeschlossen und schließlich im Januar 1918 mit der Militärverwaltung Litauen vereinigt. Die deutsche Verwaltung richtete nicht nur einen Verwaltungsapparat ein, sondern auch ein Gerichtswesen, ein Schulwesen (auch für die nichtlitauische Bevölkerung, d. h. die Deutschen, Polen und Juden), ergriff Maßnahmen zur Hebung der Landeskultur, der Verkehrserschließung (Bahnbau von Memel nach Libau und von Tilsit über Tauroggen nach Schaulen), der öffentlichen Gesundheitspflege, mußte aber angesichts der Erfordernisse des Krieges auf Ablieferungen aus Land- und Forstwirtschaft bestehen, die den Bewohnern als lästig und drückend erscheinen mußten. Der Widerstand wuchs, nicht zuletzt durch die Aufstellung von sogenannten Arbeitsbataillonen für die Forstwirtschaft und die holzverarbeitende Industrie, deren Angehörige zwangsverpflichtet und kaserniert wurden. Erst im September 1917 wurden sie aufgelöst. Sie hatten indes viel böses Blut gemacht, wie allerlei andere, ungeschickte, nur selten bewußt schikanöse Maßnahmen der deutschen Verwaltung, die immerhin in den Jahren ihrer Tätigkeit Litauen wirtschaftlich aus dem Verbande des Russischen Reiches löste und damit zur Entstehung eines selbständigen litauischen Staates nicht unwesentlich beigetragen hat.

Das Litauertum im besetzten Gebiet hatte sich zunächst darauf beschränkt, eine vorsichtige Propaganda zu betreiben. Von deutscher Seite war eine Regelung der litauischen Frage bisher nur theoretisch erörtert worden, und erst die Erklärung der Mittelmächte über die Wiederherstellung Polens (5. Nov. 1916) brachte eine Wendung. Die litauischen Führer bemühten sich nunmehr in verstärktem Maße um Durchsetzung ihres Zieles: einer weitgehenden nationalen Unabhängigkeit. Die Märzrevolution von 1917 in Rußland gab den litauischen Bestrebungen einen weiteren Auftrieb. Nun sahen sich sowohl der Oberbefehlshaber Ost als auch die Reichsregierung zu klareren Stellungnahmen gezwungen. In Verhandlungen zwischen Vertretern des Reichskanzlers und der Obersten Heeresleitung wurde festgesetzt, daß den litauischen Wünschen weitgehend entgegenzukommen und der polnischen Propaganda im Lande Einhalt zu gebieten sei. Am 2. Juni 1917 genehmigte der Oberbefehlshaber Ost die Bildung eines litauischen Vertrauensrates. Vom 1. bis 4. August 1917 trat in Wilna ein Organisationsausschuß von Männern verschiedener Stände und Richtungen zusammen (5 Wilnaer und 16 Provinz-Vertreter), der eine Konferenz von Vertretern aus allen Schichten und politischen Parteien des litauischen Volkes einberief, die vom 18.–23. September 1917 in Wilna tagte. Sie bestand aus 214 Mitgliedern als Vertretern aller 33 Kreise. Den Vorsitz führte J. Basanavičius, der die Schaffung eines unabhängigen litauischen Staates in den ethnographischen Grenzen als Ziel der Arbeit forderte. Die Konferenz wählte einen litauischen Landesrat (Lietuvos Taryba) von 20 Mitgliedern, dessen Präsidium aus 5 Personen bestand. In die Taryba sollten auch die bodenständigen Volksgruppen: Polen, Weißrussen (von den Deutschen war nicht die Rede) und Juden 6 Vertreter entsenden, doch lehnten diese zunächst eine Zusammenarbeit ab. Erst Ende 1918 kam eine solche mit den Weißrussen und den Juden zustande. Diese entsandten 2 Vertreter in die Taryba. Die polnischen Großgrundbesitzer und der polonisierte Kleinadel Litauens hatten schon im Mai 1917 in einer Denkschrift an die deutsche Regierung den Zusammenschluß des Landes mit dem wiederhergestellten Polen zu einem gemeinsamen polnisch-litauischen Staate gefordert. Präsident der Taryba wurde der Leiter des „Litauischen Hilfskomitees für die Flüchtlinge", Antanas Smetona. Er war 1874 als Sohn eines Kleinbauern im Kreis Ukmergė geboren, hatte seine Schulzeit auf den Gymnasien in Polangen und Mitau (aus dem er wegen Betätigung in einer litauischen Schülervereinigung zusammen mit seinem Schwager, dem späteren Ministerpräsidenten J. Tubelis, ausgeschlossen worden war) und in Petersburg verlebt und hier Philologie und Philosophie studiert. Wegen seiner Tätigkeit für die litauische Nationalbewegung wurde er von der russischen Regierung nach Wilna verbannt, wo er eine rege publizistische Tätigkeit entfaltete und schon früh um seine Zeitschrift „Viltis" (Hoffnung) einen kleinen Kreis von Mitarbeitern scharte, die sich später „Tautininkai" (Nationalisten) nannten und den Grundstock der späteren Regierungspartei bildeten.

Die Februarrevolution von 1917 in Rußland gab auch dort den nationalen Minderheiten freiere Betätigungsmöglichkeiten. Schon am 11. Februar 1917 hatte in Petersburg eine geheime Versammlung von Mitgliedern der verschiedenen politischen Richtungen und Parteien stattgefunden, die für die Litauer das Selbstbestimmungsrecht verlangte. Am 26. März 1917 wurde ein „Litauischer Nationalrat" gebildet; er wählte am 27. März ein „vorläufiges Verwaltungskomitee für Litauen" aus 12 Personen; außerdem wurden weitere Sitze den in Litauen lebenden Nationalitäten vorbehalten; das Verwaltungskomitee sah als seine Aufgabe an, sich um die Flüchtlinge aus den drei Gouvernements Kauen, Wilna und Suwalki zu kümmern und die Voraussetzungen für ein autonomes demokratisches Litauen zu schaffen. Der Ministerpräsident der Provisorischen Regierung Rußlands, Fürst Lwow, empfing eine Delegation des Komitees unter Leitung des Abgeordneten der russischen Reichsduma, Dr. M. Yčas, und sicherte auch den Litauern, wie bereits vorher den Polen, Berücksichtigung ihrer nationalen Belange zu. Auch die im russischen Heere dienenden litauischen Soldaten forderten auf einer Zusammenkunft im Mai 1917 die Befreiung Litauens aus allen einschränkenden Bindungen und die Vereinigung desselben mit den von Litauern besiedelten Gebieten Ostpreußens (d. h. dem sog. „Kleinlitauen"). Ein litauischer Kongreß in Minsk (7./8. Juni 1917) verlangte erneut für Litauen die Selbstbestimmung. Der vom 27. Mai bis 9. Juni in Petersburg tagende Landtag (Seimas) forderte zwar einen unabhängigen litauischen Staat, doch schieden die Vertreter der extremen Linken aus, die einen föderativen Anschluß an ein „demokratisches", d. h. marxistisches Rußland wünschten.

Das Amerikalitauertum hatte schon seit dem September 1914 die Zukunft des Heimatlandes auf Kongressen und Zusammenkünften erörtert. Ein litauisches Informationszentrum mit Juozas Gabrys an der Spitze wurde 1915 in Genf errichtet und hier die Verbindung zu den Ententemächten gehalten, auch nachdem Gabrys sich den Deutschen zur Verfügung gestellt hatte. Eine Litauische Konferenz in Stockholm (18.–20. Oktober 1917), an der Vertreter der Amerikalitauer und der Litauer in Rußland teilnahmen, erkannte die Taryba als zuständig für den Wiederaufbau eines selbständigen litauischen Staates an, und am 6. November schlossen sich die in der Schweiz lebenden Litauer auf einer Konferenz in Bern diesem Entscheid an. Damit schien eine gewisse Einigung des Litauertums — mit Ausnahme der Linken — erreicht. Der bolschewistische Staatsstreich am 7. November 1917 beendete die Handlungsfreiheit der litauischen Gremien in Rußland bis auf die der äußersten Linken.

Die Taryba bemühte sich seit Beginn ihrer Tätigkeit um eine Unabhängigkeitserklärung durch die deutsche Regierung. Sie trat in Beziehungen zum Auswärtigen Amt, zum Reichskanzler und zu den einzelnen Parteien. Sie geriet damit in deutsche innenpolitische Gegensätzlichkeiten hinein, die in der Litauen- (u. Kurland-) Frage zwischen dem Reichstag, der Reichskanzlei und den militärischen Stellen (vor allem Oberbefehlshaber Ost) bestanden. Schon seit Beginn des Jahres 1917 unterhielten die Litauer Beziehungen zu Matthias Erzberger, der mit litauischen Politikern auf einem Katholikentag in Zürich zusammentraf (August 1917), sich seither zum Anwalt der Litauer machte und in der Folgezeit eine nicht immer durchsichtige Rolle in der litauischen Frage gespielt hat. Gestützt auf ihn (d. h. das Zentrum) und die Linksparteien des Reichstages, die am 28. August 1917 im Reichstage die Bildung von Volksvertretungen auf breitester Basis und Einrichtung von Zivilverwaltungen forderten, formulierten die Litauer ihre Forderungen nach einem unabhängigen Staatswesen.

In einem Vortrag am 13. November 1917 in Berlin vor deutschen Politikern bekannte sich Smetona, der sich vom „historischen Litauen" lossagte und das ethnographische Prinzip den litauischen Forderungen zugrunde legte, zu einer engen deutschlitauischen Zusammenarbeit. „Die wirtschaftlichen und kulturellen Interessen Litauens tendieren nicht nach Osten oder nach

Südosten, sondern nach dem Westen. Litauen ist darauf angewiesen, enge Beziehungen zu Deutschland zu unterhalten." Eine Verwirklichung der litauischen Freiheit schien ihm nur durch deutsche Hilfe möglich. Doch waren die militärischen Stellen und die Reichsregierung selbst noch keineswegs geneigt, auf diese Forderungen ohne weiteres einzugehen. Die Unabhängigkeitserklärung erfolgte erst am 29. November 1917 durch den Reichskanzler Graf Hertling im Reichstage. Darauf verkündete die Taryba am 11. Dezember 1917 „die Wiederherstellung eines unabhängigen litauischen Staates mit der Hauptstadt Wilna" und erbat gleichzeitig den Schutz und die Hilfe des Deutschen Reiches. Da sich die Verhandlungen mit den deutschen Stellen verzögerten, zumal die Friedensverhandlungen mit Rußland in Brest-Litowsk eine Lösung der litauischen Frage als nicht vordringlich erscheinen ließen, proklamierte die Taryba am 16. Februar 1918 die Wiederherstellung eines auf demokratischer Grundlage aufgebauten, unabhängigen litauischen Staates mit der Hauptstadt Wilna und die Loslösung von allen staatlichen Bindungen, die mit anderen Völkern bisher bestanden hatten. Die Wahl einer konstituierenden Versammlung wurde in Aussicht gestellt, die über die Grundgesetze des künftigen litauischen Staates und seine Beziehungen zu anderen Staaten bindende Beschlüsse fassen sollte.

Da die Erklärung der Taryba ohne Einverständnis, ja im Gegensatz zu den Abmachungen mit der deutschen Regierung erfolgte, erhob der Reichskanzler dagegen Einspruch. Erst als die Taryba sich zur Einhaltung der am 11. Dezember 1917 gegebenen Verpflichtungen bereit erklärt hatte — engste Bindung ans Deutsche Reich, Militär- und Verkehrskonvention, Zoll- und Münzunion —, erfolgte am 23. März 1918 durch Kaiser Wilhelm II. die offizielle Anerkennung der litauischen Unabhängigkeit. Die Taryba erwiderte in einem von Smetona unterzeichneten Danktelegramm und sprach den „tiefgefühltesten und unauslöschlichen Dank dafür" aus, „daß das große, mächtige Deutsche Reich dem durch Jahrhunderte hindurch so schwer leidenden litauischen Volke Freiheit gegeben und seine Unabhängigkeit als erste Macht anerkannt hat." Die Taryba arbeitete einen ersten Verfassungsentwurf aus und wählte am 9. Juli 1918 den Herzog Wilhelm von Urach, Grafen von Württemberg, zum litauischen König. Als Verfassungsform war eine konstitutionelle Monarchie vorgesehen.

Doch scheiterten diese Versuche der Einsetzung eines deutschen Monarchen an den Streitigkeiten und Rivalitäten der deutschen Parteien und Länderregierungen. Auch die Frage einer Personalunion Litauens mit dem Deutschen Reich kam infolge der Streitigkeiten, die sich darob zwischen den Regierungsstellen und dem Reichstage sowie den militärischen Stellen erhoben, nicht zustande. Eine wichtige Rolle bei der Entscheidung der Taryba für Herzog Wilhelm von Urach spielten die Reichstagsabgeordneten des Zentrums (und auch der Linken), unter denen wieder Erzberger die treibende Kraft gewesen war, der die Wahl eines deutschen katholischen Fürsten zum litauischen König durchgesetzt und damit die Pläne einer Personalunion Litauens mit Preußen oder Sachsen vereitelt hatte. Da die Taryba auch diesen Entschluß ohne vorherige Verständigung mit der deutschen Regierung getroffen hatte, zudem die linksgerichteten Taryba-Mitglieder sich an der Entschließung nicht beteiligt hatten, wurde sie nicht anerkannt. Vor allem waren die Militärs gegen eine solche Lösung, da für sie eine Verbindung Litauens mit Preußen als einzig möglicher Ausweg erschien. Auch der Reichskanzler lehnte seine Zustimmung ab. Unter den Litauern selbst kam es zu einer Spaltung; die Ergänzungswahlen zur Taryba brachten den aus Rußland zurückgekehrten Duma-Abgeordneten M. Yčas und Prof. Augustinas Voldemaras in das Präsidium. Doch wurde die Taryba zunächst noch nicht als Staatsrat anerkannt. Erst als Prinz Max von Baden das Reichskanzleramt übernahm und Erzberger als Staatssekretär dem neuen Kabinett beitrat, erhielt die Taryba die Erlaubnis, eine litauische Regierung zu bilden. Gleichzeitig wurde ein deutscher Generalkommissar, Dr. Zimmerle, ernannt, der die Fragen des Übergangs der Souveränität an die Taryba regeln sollte.

XIV. DIE REPUBLIK LITAUEN BIS ZUM STAATSSTREICH VON 1926

Das vom Präsidium der Taryba zusammengerufene Plenum erließ am 2. November eine vorläufige, westlichem Vorbild nachgeahmte demokratische Verfassung, die als gesetzgebendes Organ die Taryba (= Staatsrat), als ausführendes Organ das Präsidium der Taryba und das ihm unterstellte, nach Beschluß vom nächsten Tage 9 Ministerien umfassende Ministerkabinett vorsah. Am 5. November wurde Prof. Augustinas Voldemaras zum Ministerpräsidenten ernannt und am 11. November das neugebildete Kabinett bestätigt. Der Beschluß über die Bildung einer konstitutionellen Monarchie wurde wieder aufgehoben, da am gleichen Tage das Deutsche Reich den Waffenstillstand in Compiègne unterzeichnet hatte und der deutsche Zusammenbruch die Litauer von jeder Rücksicht auf Abmachungen mit der deutschen Regierung befreite. In einem Aufruf an die Bevölkerung wurden die Wahl einer Konstituierenden Versammlung, eine Agrarreform und Arbeitsbeschaffung in Aussicht gestellt. Auch wurde zur Bildung einer Freiwilligenmiliz zum Schutze des Landes aufgefordert.

Voldemaras (geb. 16. 4. 1883 in Dysna, Gemeinde Tverečiai, deportiert 1940, in der Sowjetunion verschollen), ein Bauernsohn aus dem Wilnagebiet, hatte in Dorpat studiert und die Universitätslaufbahn eingeschlagen. Mit M. Yčas (geb. 13. 11. 1885 in Šimpeliškiai, Kr. Birsen/Biržai, gest. 17. 12. 1931 in Rio de Janeiro) zusammen war er 1918 (nach Abschluß des Brest-Litowsker Friedens) aus Rußland nach Litauen zurückgekehrt, um sofort in die Taryba gewählt zu werden, an deren Tätigkeit er von nun an aktiven Anteil nahm. Sogleich nach Bildung des Kabinetts begab sich Voldemaras ins Ausland, um die Ententemächte für die litauischen Unabhängigkeitswünsche zu gewinnen, zu denen die Litauer durch Juozas Gabrys und sein Litauisches Informationsbüro in der Schweiz ohnehin Beziehungen unterhielten. Voldemaras' diplomatische Fähigkeiten erwiesen sich in den Verhandlungen mit den Ententemächten, und ihm in erster Linie ist die Anerkennung Litauens durch sie zu danken. Auch in der Folgezeit hat er bis zu seinem Sturz (1929) die Außenpolitik Litauens maßgebend bestimmt. Voldemaras stieß in Paris auf die sehr rege Propaganda der Polen, die den Anschluß Litauens an ein polnisch-litauisches Reich forderten und dabei die volle Unterstützung Frankreichs genossen. Die Vereinigten Staaten dagegen — und auch England, dessen Stellung zur litauischen Frage aber unklar blieb — standen den litauischen Wünschen nicht unfreundlich gegenüber, insbesondere da die Amerikalitauer ihre volle Übereinstimmung mit der litauischen Delegation in Paris erklärten und sogar ihre Vertreter in sie hineinschickten. Indes verschärften sich seit April 1919 die Beziehungen zwischen Polen und dem werdenden litauischen Staate; Frankreich setzte durch, daß die Anerkennung der litauischen Unabhängigkeit von der Regelung der polnisch-litauischen Streitfragen abhängig gemacht wurde; die litauische Abordnung erreichte ihr Ziel vor Abschluß des Versailler Vertrages nicht und mußte noch jahrelang verhandeln.

In einer dem Präsidenten der Friedenskonferenz, Clémenceau, überreichten Denkschrift „Die litauischen Rückforderungen" vom 24. März 1919 hatte Voldemaras diese näher umschrieben. Er verlangte die ehemaligen russischen Gouvernements Wilna, Kauen, Grodno, Suwalki, Teile des Gouvernements Kurland und „das litauische Ostpreußen" als litauisches Staatsgebiet, zusammen ein Gebiet von 125 000 qkm mit ungefähr 6 Mill. Einwohnern. Ausdrücklich wurde hervorgehoben, daß die in einigen dieser Gebiete ansässigen Weißrussen und die Juden den Anschluß an ein unabhängiges Litauen gewünscht hätten. Eine Union mit Polen wurde auf das schärfste abgelehnt und dabei als wichtiges Argument angeführt, daß die „ostpreußischen Litauer" niemals einem Anschluß an Polen oder Rußland, sondern nur an ein selbständiges Litauen zustimmen würden.

Indessen ließ die Regierung in den Gemeinden, Amtsbezirken und Kreisen sowie in den Städten vorläufige Selbstverwaltungskomitees wählen und erste Verbände freiwilliger Miliz aufstellen. Sie geriet aber bald in arge Bedrängnis, als die Bolschewiken den abrückenden Deutschen auf dem Fuße folgten und eine Umbildung und Verbreiterung der Regierungskoalition notwendig machten. Voldemaras wurde durch Mykolas Sleževičius (geb. 1882, gest. 1939, Volkssozialist, gehörte zum Kreis um Kudirka) ersetzt und behielt nur das Außenministerium bei. Durch Hereinnahme von drei Juden und einem Weißrussen in die Regierung sollten auch diese zur aktiven Tätigkeit herangezogen werden. Doch entbehrte die Regierung jedes finanziellen und militärischen Rückhalts. In Wilna bildeten sich polnische Freiwilligenverbände, die den Anschluß an Polen forderten und am 1. Januar 1919 die tatsächliche Macht in der Stadt übernahmen. Die litauische Regierung floh nach Kauen (2. Januar 1919). Auch hier war sie zunächst keineswegs Herr der Lage, denn die deutschen Truppen beherrschten die Stadt und die Bolschewiken betrieben eine eifrige Propaganda. Die am 6. Januar 1919 von der litauischen Regierung gegründete Kommandantur verfügte anfänglich nur über 150 Mann Miliz, die erst Ende Januar durch litauische Freiwillige ergänzt werden konnten. Die Bolschewiken rückten inzwischen von Norden und Osten her gegen Kauen vor, und erst bei Keidanen/Kėdainiai gelang es den — inzwischen auch in der Provinz aufgestellten — Freiwilligenverbänden, sie vorläufig aufzuhalten. Nachdem eine am 16. Januar 1919 in Kauen zusammengetretene Konferenz von Vertretern örtlicher Selbstverwaltungen, die bereits völlig im Zeichen der Parteienkämpfe stand und in der die Christlichen Demokraten überwogen, die Autorität der Regierung durch Sanktionierung ihrer Tätigkeit gestärkt hatte, konnte nach Verhängung des Belagerungszustandes am 7. Februar 1919 alle Kraft auf die Aufstellung von Freiwilligenverbänden verwandt werden. Nach Rückkehr Smetonas, der sich auf 3 Monate nach Skandinavien begeben hatte, um Fühlung mit den neutralen Staaten zu gewinnen und dort die Möglichkeiten eines wirtschaftlichen Aufbaus Litauens als selbständiger und wirtschaftlicher Einheit zu studieren, fand am 4. Februar in Kauen eine Sitzung der Taryba statt, auf der die zeitweilige Verfassung tiefgreifend abgeändert wurde: das Präsidium der Taryba wurde aufgelöst, und an seine Stelle trat als Repräsentant des Staates nach außen der Staatspräsident, dem das Legislativrecht zwischen den Sessionen der Taryba, das Gnadenrecht und das Recht der Ernennung des Oberkommandierenden zugestanden wurde. Erster Staatspräsident wurde Antanas Smetona, der, als sich in der Folgezeit Schwierigkeiten zwischen der Taryba und dem Ministerkabinett ergaben, auf dem Verordnungswege die gesamte gesetzgebende und vollziehende Gewalt in seine und des Ministerkabinetts Hände überleitete.

Zunächst mußte nun das Staatsgebiet von den Bolschewiken befreit werden, die inzwischen weite Teile Nord- und Ostlitauens besetzt hatten. Hierbei fanden die Litauer beim deutschen Oberkommando Grenzschutz Nord wirksame Unterstützung; dieses ermöglichte den Litauern durch Überlassung von Kriegsmaterial eine aktive Teilnahme an den Kämpfen gegen die Rote Armee. Es gelang, die Bolschewiken bereits bis zum 30. August 1919 aus dem Lande zu drängen und bis zur Düna vorzugehen. Als die baltische Landeswehr, lettische und polnische Truppen die Rote Armee noch weiter nach Osten zurückgedrängt hatten, begannen zwischen der Sowjetregierung und Litauen Friedensverhandlungen, die zur Unterzeichnung des litauisch-sowjetrussischen Friedensvertrages von Moskau am 12. Juli 1920 führten, in dem die Sowjetregierung den Anspruch Litauens auf das Wilnagebiet anerkannte.

Inzwischen hatten die Polen Wilna besetzt (April 1919). Der Protest der litauischen Delegation in Paris gegen das polnische Vorgehen veranlaßte die Alliierten, eine Kommission nach Polen zu entsenden. Eine vorläufige Demarkationslinie (die sog. Foch-Linie) wurde am 26. Juli 1919 festgesetzt, ohne jedoch beachtet zu werden. Auch die am 8. Dezember 1919 von der Kommission vorgeschlagene Demarkationslinie wurde nicht beachtet. Der Krieg zwischen Polen und Sowjetrußland (1920) versetzte die

Litauer in die Lage, am 15. Juli Wilna erneut zu besetzen. Auch die litauischen Behörden kehrten dahin zurück. Während des polnisch-sowjetrussischen Krieges beachteten jedoch beide Parteien die litauische Neutralitätserklärung nicht, so daß Teile des südlichen und südwestlichen Wilnagebietes mehrfach von polnischen und russischen Truppen besetzt wurden. Weder Litauer noch Polen erkannten die Grenze vom 8. Dezember 1919 an. Die Kämpfe zwischen Litauern und Polen flammten wieder auf und erst im Vertrage von Suwalki (7. Oktober 1920) einigten sich beide Parteien auf die Linie vom 8. Dezember als vorläufige Demarkationslinie[1]. Doch schon am 8. Oktober begann der polnische General Żeligowski den Vormarsch auf Wilna, das er am 9. Oktober besetzte, um ein als „Mittellitauen" bezeichnetes halbstaatliches Gebilde zu schaffen. Dieser polnische Überfall auf Wilna wurde zwar von der polnischen Regierung als undiszipliniertes Verfahren eines „Freischärlers" gekennzeichnet, aber selbstverständlich von ihr sanktioniert. Der Krieg begann von neuem, und erst die Intervention des Völkerbundes und die Einsetzung einer Schiedskommission in Brüssel unter Vorsitz des Belgiers Hymans brachte die militärischen Operationen zum Stillstand. Das von Hymans ausgearbeitete Projekt sah bei formaler Unabhängigkeit beider Teile eine Union zwischen Litauen und Polen (Militärbündnis, gemeinsame Außenpolitik, Wirtschaftsunion usw.) und die Bildung zweier litauischer Kantone (Kauen und Wilna) mit eigenen Landtagen vor. Litauen wurde die Angliederung des auf Grund des Art. 99 des Versailler Vertrages vom Deutschen Reich abgetrennten Memelgebietes in Aussicht gestellt, das ebenfalls einen Kanton bilden sollte. Dieses Projekt wurde von beiden Staaten abgelehnt, auch in einer zweiten vom Völkerbund beschlossenen Redaktion, da es die Aufgabe jeder litauischen Selbständigkeit bedeutet hätte und die Litauer als Voraussetzung für ein Abkommen mit Polen die Räumung des Wilnagebietes forderten.

[1] Vgl. G. Rhode, Die Entstehung der Curzon-Linie. In: Osteuropa, 5. Jg. (1955), S. 81 ff.

Die litauische Regierung ließ in Genf am 24. Dezember 1921 ihre Ablehnung mitteilen. Die Polen antworteten mit der Einberufung eines Landtages in Wilna, der am 20. Februar 1922 den Anschluß an Polen beschloß. Er fand, wie auch eine Volkszählung, unter dem Druck der Polen statt. Die litauische Regierung forderte die Wiederherstellung des Vertrages von Suwalki, doch weigerte sich Polen nunmehr, ihn noch anzuerkennen, so daß der Wilna-Streit von den Litauern vor den Ständigen Internationalen Gerichtshof im Haag gebracht wurde. Zwischen beiden Staaten bestand nur mehr eine „Demarkationslinie", diplomatische Beziehungen wurden nicht aufgenommen, so daß die Wilna-Frage die erste große und ständige Belastung der litauischen Außenpolitik darstellte und sie seither überschattete. Wilna blieb aber die verfassungsmäßige Hauptstadt Litauens. Eine weitere, allerdings nur vorübergehende Gefahr erwuchs dem jungen litauischen Staatswesen durch die Truppen des weißgardistischen Generals Bermondt-Awaloff, die auf ihrem Vormarsch nach Nordosten zur Unterstützung der auf Petersburg marschierenden Armee des Generals Judenitsch seit Ende Juli 1919 auch Teile Nordlitauens besetzten. Nach heftigen Zusammenstößen zwischen den Litauern und den unter dem Kommando Bermondt-Awaloffs stehenden deutschen und russischen Truppen am 21./22. November 1919 wurde eine Militärmission der Entente unter General Niessel nach Litauen entsandt, die die Rückbeförderung der Bermondt-Truppen einleiten sollte; diese war denn auch bis zum 15. Dezember 1919 beendet.

Begannen sich im Jahre 1919 die endgültigen Grenzen des neuen Staates herauszuschälen und Gestalt zu gewinnen — allerdings nicht in dem von der litauischen Regierung gewünschten Sinne — so mußte Litauen zunächst noch um seine Anerkennung durch die Entente und die Staaten Europas ringen. Nur das Deutsche Reich und Sowjetrußland hatten es de jure anerkannt. Eine Reihe anderer Staaten, darunter auch England und Frankreich, hatten durch ihre Verhandlungen mit den litauischen Vertretern in Paris zwar die Anerkennung de facto vollzogen, weigerten sich aber zunächst, sie auch völkerrechtlich zu sanktionieren und lehnten die von Voldemaras vorgetragene Bitte um Anerkennung ab. Obgleich der Völkerbund sich 1920 des litauisch-polnischen Streites annahm und den Vermittler zu spielen bemüht war, lehnte die erste Völkerbundsversammlung (15. September – 18. Dezember 1920) die Aufnahme Litauens – wie auch die Lettlands und Estlands – ab und ließ es nur zu den Arbeiten der technischen Kommissionen zu. Erst die zweite Völkerbundsversammlung beschloß dann am 22. September 1921 die Aufnahme der drei baltischen Staaten als ordentliche Mitglieder in den Völkerbund. Außerdem mußte sich Litauen verpflichten, vor Aufnahme in den Völkerbund eine Minderheitendeklaration zu unterzeichnen. Während aber Lettland und Estland schon vorher von den Ententemächten und einer Reihe anderer Staaten auch de jure anerkannt worden waren, weigerte sich die Entente auch weiterhin, Litauen anzuerkennen, solange sein Streit mit Polen nicht erledigt sei. Hinter dieser Formulierung verbarg sich die Absicht vor allem Frankreichs, die polnischen Forderungen gegenüber Litauen doch noch durchzudrücken, wie das Hymans-Projekt sie erkennen läßt. In einer Note der Botschafterkonferenz vom 13. Juli 1922 erörterte Poincaré die Bedingungen, unter denen eine Anerkennung Litauens in Frage käme. Sie umfaßten die Anerkennung der Artikel 343 und 345 des Versailler Diktats (Internationalisierung des Memelstroms). In einem späteren Notenwechsel erklärten sich die Litauer nach anfänglicher Weigerung bereit, die betreffenden Bestimmungen vorbehaltlos anzunehmen. Die zuerst von den Litauern erhobene Forderung nach Anschluß auch des Memelgebietes an Litauen wurde wieder fallengelassen und nur die Bitte um eine baldige Lösung der Memelfrage ausgesprochen. Daraufhin erklärte sich die Entente bereit, Litauen auch de jure anzuerkennen (20. Dezember 1922). Die Vereinigten Staaten hatten, unabhängig von den anderen Ententemächten, die drei baltischen Staaten gemeinsam schon im Juli des gleichen Jahres anerkannt.

Schwerer als den beiden baltischen Nachbarstaaten war es Litauen gelungen, seine Selbständigkeit anerkannt zu sehen, und schon hierbei erwies sich die Belastung der litauischen Politik mit zwei der schwierigsten und gefährlichsten Fragen Ostmitteleuropas, mit der Wilna- und der Memelfrage.

Die außerordentlich schwierige außenpolitische Lage des werdenden Staates, der auch die Ententemächte, vor allem Frankreich, als Gegner seiner Selbständigkeit sah, ließen die innenpolitischen Erfordernisse zunächst zurücktreten. Daher verschob sich die Einberufung der schon lange in Aussicht gestellten Konstituierenden Versammlung; erst im November 1919 wurde ein Wahlgesetz erlassen. Die Wahlen fanden am 14. und 15. April 1920 statt; gewählt wurden 112 Volksvertreter; die weitaus stärkste Partei waren die Christlichen Demokraten. Die von der Konstituierenden Versammlung angenommene Zeitweilige Verfassung vom 10. Juni 1920 und die von der gleichen Versammlung, welche ihre Tätigkeit zeitweilig wegen des litauisch-polnischen Konfliktes unterbrechen mußte, erlassene Ständige Verfassung vom 1. August 1922 bestimmten von nun an die litauische Innenpolitik, deren Kennzeichen wie in den beiden Nachbarstaaten Lettland und Estland die Parteienherrschaft war. Die Gesetzgebung wurde ausschließlich dem Landtag übertragen, dem auch das Ministerkabinett voll verantwortlich war. Dem Präsidenten der Republik blieben rein repräsentative Funktionen. Litauen wurde zu einer „unabhängigen demokratischen Republik" erklärt. Seine Hauptstadt sollte Wilna sein; Kauen wurde zur „vorläufigen Hauptstadt" bestimmt. Dieser Artikel wurde in die Verfassung von 1928 und in die von 1938 unverändert übernommen.

Die litauischen Parteien schieden sich in drei Gruppen: die Christlich-Demokratische Partei, der weite Kreise der Bauernschaft in der „Ūkininkų Sąjunga" (Bauernbund) und ein Teil der Arbeiterschaft in der „Darbininkų Federacija" (Arbeiterföderation) anhörten, die Volkssozialisten (Liaudininkai), d. h. Linksliberale mit starken marxistischen Tendenzen, und die Sozialdemokraten; die Kommunistische Partei Litauens war seit 1919 verboten und trat nur 1922, als „Arbeitergruppe" getarnt, in Erscheinung. Ihre profilierteste Persönlichkeit Vincas

Mickevičius-Kapsukas (1880-1935), ein ehemaliger Mitarbeiter des „Varpas", hatte sich seit 1903 den Sozialdemokraten angeschlossen, war seiner radikalen Gesinnung und Tätigkeit wegen oft mit der russischen Polizei in Konflikt geraten, näherte sich seit 1915/16 den Bolschewiken und arbeitete während der Oktoberrevolution mit Lenin und Stalin zusammen. Im November 1918 versuchte Mickevičius-Kapsukas in Wilna eine Revolutionsregierung und eine Sowjetrepublik Litauen-Weißrußland zu schaffen; nach der Besetzung Wilnas durch die Polen ging er in den Untergrund, wurde aber im März 1921 bei einer illegalen Konferenz der litauischen Kommunistischen Partei in Königsberg von der deutschen Polizei verhaftet und in die Sowjetunion ausgewiesen. Dort leitete er das Zentralbüro der litauischen Kommunistischen Partei in Moskau. Eine kleine Gruppe von „Völkischen" (Tautininkai) spielte zunächst kaum eine Rolle. Die stärkste Partei bis 1926 war die Christlich-Demokratische, zu deren Führern St. Šilingas (eigentlich Schilling, 1885-1962) und Dr. L. Bistras (geb. 1890, in die Sowjetunion verschleppt 1940, mehrfach Bildungsminister) gehörten. Die zweitstärkste Gruppe bildeten die Volkssozialisten, die unter Führung des damaligen Ministerpräsidenten M. Sleževičius standen. Zusammen mit der bis 1923 bestehenden, ebenfalls volkssozialistischen Partei des Landvolkes und einer im gleichen Jahre sich ihnen anschließenden „Demokratischen Vereinigung der nationalen Freiheit" mit dem früheren russischen Duma-Abgeordneten und mehrfachen Minister P. Leonas (1854-1938) an der Spitze errangen sie 1926 einen Wahlsieg, der sie in Koalition mit den Sozialdemokraten zum ersten Mal zur Regierungsbildung befähigte. Die älteste politische Partei, die der Sozialdemokraten, blieb gegenüber den beiden anderen Parteien stets in der Minderheit und schloß sich meist der Volkssozialistischen Partei an. Die Tautininkai-Partei (die Bezeichnung ist jüngeren Datums) endlich war hervorgegangen aus dem um Antanas Smetona und seine Zeitung „Viltis" (Hoffnung), später um den „Vairas" (Steuerruder) in Wilna bestehenden Kreis litauischer Intellektueller. Erst während des Weltkrieges organisierten sich die

Mitarbeiter Smetonas in der geheimen politischen Vereinigung „Tautos Pažanga" (Völkischer Fortschritt) und schlossen sich 1919 mit der Agrarpartei (Žemdirbių Sąjunga) zusammen. Bei den Wahlen zur Konstituierenden Versammlung traten sie zum ersten Mal als Partei hervor, ohne jedoch ein festes Programm aufzustellen. Ihr gehörten führende Männer des litauischen Unabhängigkeitskampfes an: neben Smetona noch Voldemaras, Basanavičius, M. Yčas und andere. Enge persönliche Beziehungen verbanden diese Männer, die fast alle aus den Kreisen des Groß- und Mittelbauerntums kamen, mit den in den ersten Jahren maßgebenden Leitern der litauischen Armee, so General Žukauskas, General Plechavičius und anderen. Im Parlament war diese Partei bis 1926 überhaupt nicht vertreten. Erst dann konnte sie mit 3 Abgeordneten in den Landtag (Seimas) einziehen. Die fremden Volksgruppen hatten schon in die Konstituierende Versammlung Vertreter entsandt; auch die Neuwahlen der folgenden Jahre gaben ihnen die Möglichkeit einer Vertretung im Parlament.

Im einzelnen zeigte die Zusammensetzung des litauischen Landtages folgendes Bild:

1. Konstituierende Versammlung, gewählt am 14./15. April 1920

Christliche Demokraten	59 Abgeordnete
Volkssozialisten	29 Abgeordnete
davon: Partei des Landvolkes	20 Abgeordnete
Sozialdemokraten	14 Abgeordnete
Juden	6 Abgeordnete
Polen	3 Abgeordnete
Deutsche (Partei der Deutschen Litauens)	1 Abgeordneter
insgesamt	112 Abgeordnete

2. 1. Landtag, gewählt am 11. und 16. Oktober 1922

Christliche Demokraten	38 Abgeordnete
davon: Bauernbund	12 Abgeordnete
Arbeiterföderation	11 Abgeordnete
Volkssozialisten	19 Abgeordnete
davon: Partei des Landvolkes	14 Abgeordnete
Sozialdemokraten	11 Abgeordnete
Arbeitergruppe (Kommunisten)	5 Abgeordnete
Juden	3 Abgeordnete
Polen	2 Abgeordnete
Deutsche (Partei der Deutschen Litauens)	— Abgeordnete
insgesamt	78 Abgeordnete

3. 2. Landtag, gewählt am 12./13. Mai 1923

Christliche Demokraten	40 Abgeordnete
davon: Bauernbund	14 Abgeordnete
Arbeiterföderation	12 Abgeordnete
Volkssozialisten	16 Abgeordnete
Sozialdemokraten	9 Abgeordnete
Juden	6 Abgeordnete
Polen	4 Abgeordnete
Deutsche (Partei der Deutschen Litauens)	2 Abgeordnete
Russen	1 Abgeordneter
insgesamt	78 Abgeordnete

4. 3. Landtag, gewählt am 8. — 10. Mai 1926

Christliche Demokraten	30 Abgeordnete
Volkssozialisten	22 Abgeordnete
Sozialdemokraten	15 Abgeordnete
Tautininkai u. Agrarpartei (im Verhältnis 3 zu 2)	5 Abgeordnete
Juden	3 Abgeordnete
Polen	4 Abgeordnete
Deutsche (Partei der Deutschen Litauens)	1 Abgeordneter
Memelländer	5 Abgeordnete
insgesamt	85 Abgeordnete

Nach Inkrafttreten der Verfassung von 1922 konnten sich im Parlament die Sonderinteressen der Parteien voll durchsetzen. Den Leitern aller litauischen Parteien fehlte jede Schulung in der staatlichen und politischen Verantwortung. Die in den Jahren des Kampfes um die Unabhängigkeit maßgebenden Männer, wie Smetona, Voldemaras, Basanavičius und andere, sahen sich nach Annahme der Verfassung weitgehend ausgeschaltet bzw. zogen sich — wie Smetona und Basanavičius — selbst aus dem Parteigetriebe zurück und überließen Parteiführern das Feld. Basanavičius blieb sogar im polnisch besetzten Wilna wohnen. Stulginskis (Christl. Demokrat) wurde, dem Übergewicht seiner Partei in der Konstituierenden Versammlung entsprechend, Staatspräsident (21. Dezember 1922).

Für die litauische Innenpolitik wurde die gleiche Kompromißtaktik und Unsicherheit kennzeichnend, wie auch für die Außenpolitik. Die wichtige, schon von der ersten litauischen Regierung angekündigte Agrarreform erwies sich als der Prüfstein für das Funktionieren der parlamentarischen Arbeit. Sie wurde ein Kompromiß. Ursprünglich sollte sie die von der russischen Regierung nach den beiden polnischen Aufständen enteigneten Ländereien in den Besitz des Staates bringen, die russischen Kolonisten verdrängen und durch Festsetzung der Höchstgrenze des Privatbesitzes auf 80, dann 150 ha das wirtschaftliche Übergewicht des polnischen und sonstigen fremden Großgrundbesitzes beseitigen. Den anfallenden Grund und Boden brauchte die Regierung zur Belohnung der Freiwilligen aus den Unabhängigkeitskämpfen, denen man schon bei Aufstellung der litauischen Armee diesbezügliche Versprechungen gemacht hatte. Schließlich wollte sich die Regierung der Wälder aus früherem russischen Domänen- und Privatbesitz bemächtigen, um sich in ihnen eine Einnahmequelle zu verschaffen. Die im Vergleich zu Estland und Lettland weniger radikale und besonnenere Durchführung der Agrarreform in Litauen, bei der der Deutschbalte Silvio Broedrich zu Rate gezogen wurde, basierte auf dem Gesetz über die Agrarreform vom 29. März 1922. Die Linksparteien hatten auch in Litauen, wie in Lettland und besonders in Estland, eine radikale Lösung der Agrarfrage gefordert, konnten sich aber den gemäßigten Christlichen Demokraten gegenüber nicht durchsetzen. Wichtig war die Fortsetzung der unter Stolypin schon zu russischer Zeit begonnenen Separation des bäuerlichen Besitzes, die eine Auflösung der Dörfer in Einzelhöfe und eine soziale Umschichtung und wirtschaftliche Stärkung der Bauernschaft mit sich brachte, das Siedlungsbild im Laufe von anderthalb Jahrzehnten vollständig veränderte und zweifellos eine der einschneidendsten Maßnahmen für die Masse der litauischen Bauernschaft seit dem 16. Jahrhundert darstellte. Ihre Gefahren — Auflösung der bislang festgefügten dörflichen Gemeinschaft, damit Schwund von überlieferter Sitte, allmähliches Eindringen moderner Kommunikationsmittel, Landflucht — wurden schon 1939 von einem klugen Beobachter in der Zeitschrift „Židinys" (Brennpunkt) klar erkannt. Gerade weil Litauen im Grunde städtelos und selbst die Hauptstadt Kauen eng mit dem flachen Lande verbunden waren, vollzog sich der soziale und geistige Aufstieg der jüngeren litauischen Generation nicht organisch, wuchsen die in Kauen, in Schaulen, Panevėžys oder anderwärts die höheren Schulen besuchenden litauischen Bauernsöhne nicht in eine bereits vorhandene litauische städtische Gesellschaft hinein, sondern mußten diese erst bilden. Es ging dabei nicht ohne Gewaltsamkeiten ab, zumal weder dem russischen noch dem polnischen oder deutschen Vorbilde gefolgt werden sollte. Am stärksten wirkten in kleinen, aber regen schöpferischen Gruppen von Dichtern, Literaten und Künstlern all' jene Vorbilder, die Neues repräsentierten, von der Neuromantik Maurice Maeterlincks bis zum Sozialismus Alexander Bloks oder Jessenins; das litauische gesellschaftliche und geistige Leben wird gekennzeichnet durch ein unsicheres Schwanken zwischen Romantik und Realismus, Weltoffenheit und Abschließung nach außen. Amerika, Heimat fast eines Drittels aller Litauer, wurde Sehnsuchts- und Auswanderungsziel vieler Tausender — und doch fand ein Theaterstück wie die Komödie „Amerika in der Badstube" (Amerika pirtyje) von Keturakis (eigentlich J. Vilkutaitis) seit 1895 — also noch zu einer Zeit, da die Vereinigten Staaten zahllosen politischen Flüchtlingen aus Litauen Zuflucht boten — deswegen einen durchschlagenden Erfolg, weil es die Amerikalitauer und ihre neue Heimat verspottete. In dieser inneren Unsicherheit steckten Gefahren für die Konsolidierung des litauischen staatlich-politischen und geistig-kulturellen Lebens.

Zwar konnte der erste Aufbau einer Landesverwaltung und insbesondere die Selbstverwaltungen dank der während des Ersten Weltkrieges geschaffenen Grundlagen verhältnismäßig leicht durchgeführt werden; aber ihre stetige Weiterentwicklung litt unter der Unerfahrenheit der litauischen Staatsführung. Es bestand kein durchgebildetes Steuersystem; es gab jahrelang in Litauen weder ein ausgebautes staatliches Wohlfahrtswesen noch eine soziale Fürsorge; Krankenkassen wurden vom Staate erst in den dreißiger Jahren geschaffen. Die herrschende Gruppe der Christlichen Demokraten hatte sich die wichtigsten Staatsstellen gesichert und verfocht vielfach eigene Interessen. Als im Frühjahr 1926 nach einer Regierungskrise Volkssozialisten und Sozialdemokraten die Regierung übernahmen — der Staatspräsident Stulginskis wurde durch den Volkssozialisten Dr. K. Grinius ersetzt — und ein linksdemokratisches Ministerkabinett unter M. Sleževičius bildeten, gerieten die neuen Regierungsparteien sehr bald in Auseinandersetzungen mit der Kirche, weil sie sich weigerten, die vom Papst für Litauen getroffene Regelung anzuerkennen und den Priestern die staatlichen Gehälter zu zahlen. Als die linksradikalen Elemente durch die Regierungsmaßnahmen (Aufhebung des seit 1919 bestehenden Kriegszustandes und Begnadigung einiger führender Kommunisten) die Möglichkeit erhielten, sich zu betätigen, kam es zu Zusammenstößen mit der Armee. Gegendemonstrationen der christlich-demokratischen und der nationalistischen Studenten unterdrückte die Regierung mit Hilfe der Polizei. Die Erregung in der Armee und bei den Christlichen Demokraten steigerte sich, als die Volkssozialisten sowohl mit der polnischen Volksgruppe in Litauen, deren Parlamentsvertretung der Regierungskoalition beitrat, wie mit dem polnischen Nachbarn ein besseres

Verhältnis herzustellen sich bemühten und diese Versuche auch fortsetzten, nachdem Piłsudski, den die Christlichen Demokraten und vor allem die Tautininkai für die Besetzung Wilnas verantwortlich machten, im Mai 1926 die Macht in Polen übernommen hatte. In der Nacht vom 16. auf den 17. Dezember 1926 drangen Offiziere der litauischen Armee in die Räume des Parlaments ein und sprengten die dort tagende Versammlung. Die Regierung und der Staatspräsident wurden für abgesetzt erklärt und eine neue Regierung unter Leitung von Prof. Voldemaras aus Vertretern der Tautininkai und der Christlichen Demokraten gebildet. Zum Staatspräsidenten wurde abermals Antanas Smetona ernannt. Die überrumpelten Sozialdemokraten und Volkssozialisten räumten kampflos das Feld; es zeigte sich, daß ihre Herrschaft auf schwachen Füßen gestanden hatte. Das einzige Machtmittel, das in Litauen politische Bedeutung besaß, war die Armee, die auch in der Folgezeit noch öfters in Erscheinung treten sollte.

Da es in der neuen Regierung bald zu Gegensätzen zwischen den Christlichen Demokraten und den Tautininkai kam – es handelte sich darum, wer bei wichtigen Entscheidungen den Ausschlag geben sollte, die zahlenmäßig geringere Gruppe der Tautininkai oder die Christlichen Demokraten – zogen diese ihre Vertreter aus der Regierung zurück. Das Parlament sprach der Minderheitsregierung das Mißtrauen aus. Smetona löste daraufhin den Landtag im April 1927 auf. Gestützt auf die Armee oder vielmehr auf die wenigen maßgebenden Offiziere begann die auf den sofort nach dem Staatsstreich im Dezember 1926 verkündeten Kriegszustand gestützte Alleinherrschaft der Tautininkai, welche bis zum März 1939 die litauische Politik bestimmten. Am 10. Gründungstag der litauischen Armee, am 15. Mai 1928, erließ Smetona eine neue Verfassung. Sie brachte eine sehr bedeutende Stärkung der Macht des Staatspräsidenten, der das eigentlich gesetzgebende Organ wurde. Gleichzeitig wurden Bestimmungen über Volksbefragungen beschlossen, die praktisch allerdings nie Bedeutung gewannen. Der Landtag (Seimas) trat ganz in den Hintergrund. Der Kriegszustand bot der Regierung die Handhabe, eine diktatorische Regierung zu führen. Der maßgebende Mann der neuen Regierung war zunächst Voldemaras, der sowohl die Außenpolitik als auch die Innenpolitik des Staates bis 1929 leitete; dann stürzte er über seine von ihm als notwendig erkannte Verständigungsbereitschaft mit Polen und dem Deutschen Reich, sowie über seine immer stärker hervortretende Neigung zu diktatorischer Alleinherrschaft und wurde durch den Schwager Smetonas, J. Tubelis, ersetzt, der das Ministerpräsidium übernahm.

Die *Außenpolitik* Litauens war von Anfang an mit der *Wilnafrage* belastet, die das Verhältnis zu Polen bestimmte. Verhandlungen über die Öffnung des Memelstromes scheiterten, da Litauen sich weigerte, alle Entscheidungen (in Genf, in Den Haag, auf den Konferenzen in Kopenhagen und Lugano) internationaler Kommissionen und Schiedsgerichte anzuerkennen und auf seinen Ansprüchen auf Wilna beharrte. Wohl kam nach einer dramatischen Sitzung des Völkerbundes, in der Piłsudski persönlich erschien und Voldemaras die Frage nach Frieden oder Krieg vorlegte, am 10. Dezember 1927 eine Übereinkunft zustande, daß beide Regierungen auf neutralem Boden in Verhandlungen eintreten sollten, doch führten diese, insbesondere die Konferenz von Königsberg (1928), zu keinem Ergebnis. Die „Administrationslinie" zwischen Polen und Litauen, die Eisenbahnstrecken Kauen — Wilna und Alytus — Seiny und der Memelstrom blieben weiterhin gesperrt. Bis 1938 bestanden zwischen beiden Nachbarstaaten weder diplomatische Beziehungen noch irgendwelche direkte Verbindungen, so daß zum Beispiel die Post von Litauen nach Polen über Lettland oder das Deutsche Reich geleitet werden mußte.

Die Beziehungen Litauens zur Sowjetunion waren durch den für Litauen sehr günstigen Frieden von Moskau, in dem Litauens Ansprüche auf Wilna ausdrücklich festgelegt wurden, geregelt. Am 28. September 1926 schloß Litauen mit der Sowjetunion einen Nichtangriffspakt, bei dessen Abschluß die Sowjetunion Litauen erneut die Versicherung gab, daß sie dessen Ansprüche auf Wilna weiterhin anerkenne. Dieser später bis 1944 verlängerte Vertrag wurde im Laufe der nächsten Jahre durch eine Reihe von Handelsverträgen, Kulturabkommen usw. ergänzt. Die Beziehungen Litauens zur Sowjetunion waren immer dann besonders enge, wenn Litauen glaubte, von seinem großen westlichen Nachbarn bedroht zu sein, insbesondere aber nach Abschluß des deutsch-polnischen Abkommens vom 26. Januar 1934.

Die deutsch-litauischen Beziehungen waren durch ein Problem belastet, das in Versailles geschaffen worden war. Schon am 24. März 1919 hatte die litauische Abordnung in Paris die Forderung auf Teile des östlichen Ostpreußen erhoben. Doch verfolgten die Ententemächte, insbesondere Frankreich, mit der Abtrennung des nordöstlichen Ostpreußens (nördlich der unteren Memel) vom Deutschen Reich als „Memelgebiet" andere Ziele, die erst nach dem Scheitern des Hymans-Projektes und damit der litauisch-polnischen Union endgültig aufgegeben werden mußten. Als am 10. Januar 1923, am Tage der Besetzung des Ruhrgebietes durch die Franzosen, litauische Truppen, als Freischärler verkleidet, unter dem Obersten Budrys (eigentlich Polonski) in das Memelgebiet einrückten, entwich die französische Besatzung, ohne längeren Widerstand zu leisten. Schon am 16. Februar 1923 beschloß die Botschafterkonferenz nach anfänglichem formellem Protest, das Gebiet an Litauen zu übergeben, und arbeitete die am 8. Mai 1924 unterzeichnete Memelkonvention aus, die die Bedingungen enthielt, unter denen Litauen die Souveränität über das Gebiet übertragen wurde. Diese gewaltsame Angliederung eines Landes, dessen Bevölkerung in ihrer erdrückenden Mehrheit gegen die Abtrennung von Deutschland protestiert hatte, mußte eine Belastung der deutsch-litauischen Beziehungen bedeuten. Freilich ist schon früh in der politischen Führung und bei den Parteien der Weimarer Republik – mit Ausnahme der Sozialdemokraten – die Bestrebung festzustellen, Litauen gegen Polen auszuspielen und daher trotz der Memelfrage zu einem guten Verhältnis zu Litauen zu kommen. Nach längeren Verhandlungen brachte der deutsch-litauische Grenzvertrag von 1928 und der Handelsvertrag von 1929 eine Normalisierung, die erst die litauische Gewaltpolitik in Memel in Frage stellte, welche insbesondere nach dem Sturze Voldemaras' einsetzte. 1932 wurde das verfassungsmäßige Memeldirektorium Böttcher abgesetzt; dies führte zum Haager Memelstreit; diese Spannungen steigerten sich, als 1933 im Deutschen Reich die Nationalsozialisten an die Macht kamen und Litauen, statt die angebotene Verständigung zu suchen, sich wieder sehr stark nach Osten orientierte und auf die Moskauer Ostpaktpläne einging. 1934/35 kam es zu einer fast vollständigen Grenzsperre und zum Abbruch der bis dahin sehr lebhaften und für Litauen und das Memelgebiet notwendigen Handelsbeziehungen. Erst im August 1936 konnte durch Abschluß eines neuen deutsch-litauischen Handelsabkommens eine gewisse Entspannung herbeigeführt werden, ohne daß dadurch Litauen zu einer Änderung seiner Politik der Litauisierung im Memelgebiet veranlaßt wurde.

Litauens Ostpolitik war in gewisser Weise stets von dem Verhältnis zu Polen und zum Deutschen Reich bedingt. Immer dann, wenn die Spannungen mit dem westlichen oder südlichen Nachbarn sich verstärkten, wurde die litauische Politik trotz eindeutiger Abwehrhaltung gegenüber dem Kommunismus Moskau gegenüber freundlicher. Schon im Friedensvertrag von 1920 war auch der wirtschaftliche Austausch zwischen beiden Ländern verabredet worden, der freilich mit der strengen Durchführung der Planwirtschaft mehr und mehr schrumpfte. Daran konnten auch Versuche, ihn künstlich zu beleben, indem Holz von Leningrad aus über die Ostsee nach Memel gebracht wurde, um dort verarbeitet zu werden, und ähnliche Maßnahmen nichts ändern. Politisch waren die Beziehungen korrekt, mitunter freundlich. Der langjährige litauische Gesandte in Moskau, J. Baltrušaitis, als Dichter in russischer und litauischer Sprache dem Symbolismus Alexander Bloks u. a. nahestehend, hat viel dazu beigetragen. Die guten litauisch-sowjetischen Beziehungen wurden auch nicht dadurch getrübt, daß die in allen litauischen Kleinstädten während des 19. Jahrhunderts errichteten russisch-orthodoxen Kirchen z. T. abgetragen wurden, wie z. B. in Krottingen, oder die pompöse russische Kathedrale in Kauen in die

Katholische Garnisonkirche umgewandelt wurde. Zwar unterstützte die — atheistische — Sowjetregierung die russisch-orthodoxen Kirchengemeinden Litauens auch durch erhebliche finanzielle Zuschüsse, betrieb insofern auch den Zusammenschluß der Russen Litauens, unter denen die Altgläubigen einen erheblichen Prozentsatz ausmachten, zu einer Minderheitengruppe, die 1923 einen Abgeordneten in den litauischen Landtag entsenden konnte, und finanzierte die illegale kommunistische Tätigkeit im Lande, aber dies wurde von der litauischen Regierung offiziell nicht zur Kenntnis genommen.

Von besonderer Wichtigkeit mußten für das katholische Litauen die Beziehungen zum Heiligen Stuhl sein. Die Anerkennung Litauens durch den Vatikan erfolgte nach anfänglicher Ablehnung erst am 10. November 1922. Die litauische Regierung bemühte sich um die Begründung einer litauischen Kirchenprovinz unter Einschluß des Wilnagebietes, doch mußten diese Bemühungen nach Abschluß des Konkordats zwischen dem Vatikan und Polen (1925) aufgegeben werden. Die litauische Regierung legte gegen die Unterstellung Wilnas unter den Primas der polnischen Kirche Protest ein und brach die diplomatischen Beziehungen zum Vatikan ab. Am 4. April 1926 erließ Pius XI. seine Bulle „Lituanorum gente", in der er ohne vorherige Verhandlungen mit der litauischen Regierung eine selbständige Kirchenprovinz Litauen innerhalb der damaligen litauischen Staatsgrenzen mit dem Erzbistum Kauen, den Bistümern Telschen/Telšiai, Panevėžys, Wilkowischken und Kaišiadorys (dieses umfaßte die an Litauen gefallenen Teile der Diözese Wilna) begründete. Die katholischen Gemeinden des Memelgebietes wurden in der Freien Prälatur (praelatura nullius) Memel zusammengefaßt. Die litauische Regierung weigerte sich, die getroffene Regelung anzuerkennen, und erst am 10. Dezember 1927 kam nach langen Verhandlungen ein Konkordat zustande, das sie bestätigte. Doch erhoben sich Streitigkeiten zwischen der Tautininkai-Regierung und den katholischen Organisationen, der Geistlichkeit und der nun in Opposition stehenden Partei der Christlichen Demokraten über die Auslegung des

Konkordats, die schließlich sogar zur Ausweisung des päpstlichen Nuntius aus Litauen (5. Mai 1931) führten. Erst 1937 wurden die normalen Beziehungen zwischen Litauen und dem Vatikan wiederhergestellt und den Forderungen der Christlichen Demokraten nach Gründung einer katholisch-theologischen Fakultät an der Universität entsprochen.

Schon seit 1919 war Litauen bemüht, mit den beiden baltischen Nachbarstaaten Lettland und Estland zu einer engen Zusammenarbeit zu kommen. 1921 regelte ein Grenzvertrag mit Lettland die territorialen Fragen der beiden Staaten. Ein schmaler Küstenstrich des früheren Gouvernements Kurland mit Polangen/Palanga kam an Litauen, welches dafür Grenzstreifen des ehemaligen Gouvernements Kauen an Lettland abtrat. Die Versuche Litauens, mit Lettland und Estland zu einer engeren Zusammenarbeit zu gelangen, scheiterten allerdings an der Wilna- und Memelfrage, die den beiden anderen baltischen Staaten bei ihrem Streben nach völliger Neutralität als allzu große Belastung erschienen. Zudem unterhielten sowohl Estland wie Lettland gute Beziehungen zu Polen. Auch die skandinavischen Staaten und Finnland wollten sich nicht der Belastung mit zwei so gefährlichen Problemen Ostmitteleuropas aussetzen und versagten sich einer von Litauen oft versuchten engeren Zusammenarbeit. Erst die „Baltische Entente" vom 12. September 1934, die unter dem Eindruck der nationalsozialistischen Ostpolitik abgeschlossen wurde, brachte ein engeres politisches Zusammengehen der drei baltischen Staaten, doch wurden auch hier die Wilna- und Memelfrage ausdrücklich aus allen Beistandsverpflichtungen ausgenommen. Die regelmäßig abgehaltenen Konferenzen der Außenminister zeitigten freilich außer der gemeinsamen Vertretung im Völkerbundsrat, in den Lettland 1936 gewählt wurde, keinerlei bindende Abmachungen. Nur Fragen des Verkehrs, der Rechtsangleichung usw. wurden erörtert, um damit Streitigkeiten wie den litauisch-lettischen Eisenbahnkonflikt (Januar bis August 1933) in Zukunft zu verhindern.

XV. LITAUEN UNTER DEM REGIME DER TAUTININKAI (1926–1938)

Die innenpolitische Entwicklung Litauens war nach dem Sturze Voldemaras' schweren Erschütterungen ausgesetzt. Der 1926 verhängte Kriegszustand bot zwar die Grundlage für ein diktatorisches Regime, doch bestanden die alten Parteien zunächst noch weiter. Ihnen war zwar offiziell jede politische Betätigung verboten, doch erschienen ihre Zeitungen, freilich unter Zensur, weiter und sie konnten auch eine halblegale Tätigkeit ausüben. Maßnahmen der Tautininkai-Regierung, die ja zunächst wenig Anhänger hinter sich hatte, stießen stets auf den offenen oder geheimen Widerstand der Parteien, die sich des öfteren in Explosionen verriet (Attentat auf Voldemaras, 1929). Die Tautininkai-Partei selbst baute erst allmählich von oben her einen Parteiapparat auf. Besonderen Wert legte die Parteiführung auf den Ausbau des Schützenverbandes (Saulių Sąjunga), eines ursprünglich aus ehemaligen Angehörigen der litauischen Freiheitskämpfer bestehenden, aber durch Überführung der älteren Mitglieder des Jugendverbandes sich ständig vergrößernden und verjüngenden Wehrverbandes, der dem Vorbilde der faschistischen Miliz Italiens nachgebildet war. Der Aufbau der faschistischen Partei wurde in gewisser Weise nachgeahmt, insbesondere in der Jugendorganisation „Jaunoji Lietuva" (Junges Litauen), die in einem nationalistischen Geiste erzogen wurde. Die im Memelgebiet geschaffenen litauischen Organisationen, die denen der Tautininkai in Litauen entsprachen, wurden dort zu Trägern der Litauisierungsversuche. Als die Weltwirtschaftskrise 1932 auch auf Litauen übergriff und die steigende Notlage der Landbevölkerung Unzufriedenheit hervorrief und die litauische Politik in Memel die Wirtschaftsbeziehungen zu Deutschland fast völlig unterband, sah sich die litauische Regierung zu verschiedenen Maßnahmen veranlaßt, um ihre Machtstellung zu sichern. Schon 1931 war kurz vor der Wiederwahl Smetonas zum Staatspräsidenten ein Wahlgesetz erlassen worden, das die Wahl des Staatspräsidenten in die Hände besonderer Vertreter legte, die durch ein kompliziertes Wahlverfahren allein von den Tautininkai gestellt werden konnten. Am 8. Februar 1934 erschien — veranlaßt durch angebliche staatsfeindliche Bewegungen im Memelgebiet — das „Gesetz zum Schutz von Nation und Staat", das für Vergehen gegen die Regierung oder die bestehende Staatsordnung außerordentlich strenge Strafen vorsah. Diese Maßnahmen riefen die Parteien, die durch die Anhänger des gestürzten und unter Anklage gestellten Voldemaras verstärkt wurden, nur noch mehr zur Opposition auf. Im Sommer 1934 erschütterte ein mißglückter Putsch von Offizieren der Kauener Garnison die Stellung der Regierung, den Anhänger von Voldemaras unternommen hatten, wobei nicht die Motive, wohl aber die politischen Pläne der Aufrührer im Dunkel blieben. Voldemaras selbst war des Landes verwiesen und lebte in Südfrankreich. Wieweit er seine Anhänger noch beeinflußte, läßt sich nicht sagen. Im Sommer 1935 folgten, hervorgerufen durch die wirtschaftliche Notlage der Landbevölkerung und geschürt vor allem durch die Kommunisten, aber auch durch die Voldemaras-Anhänger, schwere Bauernunruhen in Südlitauen und in Teilen Schemaitens und Ostlitauens. Die Regierung entschloß sich, weitere Zwangsmaßnahmen zu ergreifen und im Herbst 1935 alle anderen Parteien zu verbieten, ihre Büros aufzulösen und ihr Vermögen zu beschlagnahmen. Andererseits war sie zu dem Zugeständnis der Wahl eines neuen Landtages gezwungen; freilich wurde durch das Wahlgesetz vom 13. Mai 1936 eine Regelung getroffen, die die Aufstellung der Wahlkandidaten ausschließlich in die Hand der Regierung legte. Dementsprechend hielten sich weite Kreise der Bevölkerung der Wahl fern (die Wahlbeteiligung betrug nur 71,22 v. H., im Memelgebiet gar nur 26,39 v. H.).

Der neue Landtag sollte nur beratendes Organ der Regierung sein. Ihm wurde am 11. Februar 1938 ein Verfassungsentwurf vorgelegt und von ihm angenommen. Diese (fünfte) Verfassung bedeutete ein weiteres Anwachsen der Macht und der Rechte des Staatspräsidenten und eine Vormachtstellung des Staates auf allen Gebieten, vor allem dem der Wirtschaft. Wichtig war in diesem Entwurf nur, daß die Trennung von Kirche und Staat insofern vorgesehen war, als jetzt staatliche Standesämter eingeführt wurden. Bisher hatten die Pfarrämter auch standesamtliche Funktionen wahrgenommen. Ferner wurden in der neuen Verfassung die bisherigen Bestimmungen über die nationalen Minderheiten fortgelassen, denen Litauen in einer am 12. Mai 1922 unterzeichneten Erklärung ausdrücklichen Schutz zugesichert hatte, ohne allerdings die versprochene Autonomiegesetzgebung jemals zu verwirklichen.

Die Tautininkai-Regierung war auch noch auf andere Weise bemüht, ihre Stellung auszubauen und zu sichern. Unterstellung des Schützenverbandes unter den Oberbefehl des Staatspräsidenten und des von ihm ernannten Armeeführers, die Begründung der nationalen Jugendorganisation „Jaunoji Lietuva" und einer entsprechenden Organisation im Memelgebiet („Santara") bedeuteten Etappen zu diesem Ziel. Staatliche Wirtschaftsorganisationen und berufsständische Kammern (Handels- und Industriekammer, Landwirtschaftskammer, Kammer der Angehörigen freier Berufe) ermöglichten der Regierung die unmittelbare Lenkung der Wirtschaft und der einzelnen Berufsgruppen. Alle diese Maßnahmen waren durch ausländische Vorbilder beeinflußt; sie bedeuteten in Litauen, daß die Tautininkai versuchten, alle Macht im Staate in ihrer Hand zu vereinigen.

Ein weiterer Schritt in dieser Richtung war die Eingliederung der bisher noch bestehenden Jugendorganisation der übrigen Parteien in die „Jaunoji Lietuva" (1939). Hinzu kamen Maßnahmen auf dem Gebiete des Bildungswesens. Schulgesetze (Volksschulgesetz vom August 1936, Mittelschulgesetz vom gleichen Jahr und ein Gesetz über die Lehrerbildungsanstalten von 1935) stellten die organisatorischen Handhaben dar, mit denen die Regierung nicht nur die Einengung und fast völlige Einschnürung des Minderheitenschulwesens, nicht zuletzt des deutschen, in Litauen oder des memelländischen Schul- und Lehrerbildungswesens im autonomen Memelgebiet durchführen konnte, sondern zugleich eine Möglichkeit, die allmählich geschaffene Staatsideologie in die Schulen einzuführen. Der Staatspräsident Smetona erschien als „Volksführer" (Tautos Vadas); die Anknüpfung an das alte Großfürstentum Litauen und damit an die Tradition einer einstigen Großmacht am Rande des östlichen Mitteleuropa wurde hervorgehoben; 1936 erschien als Sammelwerk die von A. Šapoka herausgegebene „Litauische Geschichte" (Lietuvos Istorija), die im Sinne einer vaterländischen Geschichtsauffassung abgefaßt war, Gedenkfeiern anläßlich des vierhundertsten Todestages der Großfürsten Witowt (1930) und Jagiello (1934) sollten die Vergangenheit verlebendigen; ein „Tag des Meeres" in Memel wurde veranstaltet, um Litauens Anspruch als Ostseeanlieger geltend zu machen. Die Kehrseite dieser Maßnahmen waren Knebelung der Vereinsfreiheit (das Vereinsgesetz von 1919 wurde 1936 grundlegend geändert), der Presse (Pressegesetz von 1935, durch das das entsprechende Gesetz von 1919 ungültig wurde) und Kontrolle der Selbstverwaltung durch ein neues Kommunalgesetz, das schon 1931 die bisherigen Gesetze (von 1919 und 1921) aufhob. Litauen hatte damit entschlossen den Weg zum autoritären Einparteienstaat beschritten. Allerdings wurde es zwei Jahre später von den Ereignissen im übrigen Europa bereits schwer betroffen. Zwar hatte die litauische Regierung angesichts der wachsenden Macht Deutschlands und der 1934 verabredeten deutsch-polnischen Zusammenarbeit versucht, Anlehnung an der Sowjetunion zu finden, da sich die politischen Beziehungen zu England nicht intensivieren ließen. England hatte zwar seine wirtschaftlichen Interessen auf dem litauischen Markt voll durchsetzen können und war im litauischen Außenhandel allmählich an die erste Stelle gerückt. Zu politischen Engagements im Ostbaltikum jedoch wollte sich die britische Regierung nicht herbeilassen.

XVI. AM VORABEND DER KATASTROPHE

Am 17. März 1938, wenige Tage nach der Angliederung Österreichs an das Deutsche Reich, richtete die polnische Regierung ein Ultimatum an Litauen, innerhalb kurzer Frist normale diplomatische Beziehungen zu Polen aufzunehmen. Den Anlaß dazu bot ein Zwischenfall an der „Administrationslinie". Die litauische Regierung sah sich gezwungen, das Ultimatum anzunehmen, zumal die Sowjetunion nicht daran dachte, Litauen zu unterstützen. Beide Regierungen ernannten Gesandte; eine Reihe von Abmachungen über die Aufnahme des direkten Eisenbahn-, Post- und Telegrafenverkehrs, über die Öffnung des Memelstromes für die polnische Holzflößerei usw. wurde getroffen. Im Zusammenhang mit diesen Ereignissen trat die bisherige litauische Regierung Tubelis zurück. An die Spitze des neuen Kabinetts trat der Armeeoberpfarrer V. Mironas (geb. 1880, gest. 1953 in Sibirien), der schon Mitglied der Taryba gewesen war. Sämtliche Regierungsmitglieder waren Angehörige des Tautininkai-Verbandes. Die Versuche der Opposition, eine Koalitionsregierung zustande zu bringen, scheiterten. Die neue Regierung erklärte, daß ein Kurswechsel in der Innen- und Außenpolitik nicht beabsichtigt sei, und betonte den Wunsch eines Ausbaues der Beziehungen zu Polen. Die Ansprüche auf das Wilnagebiet waren damit faktisch aufgegeben. Im Memelgebiet hatte kurz vor dem Haager Schiedsspruch vom 11. August 1932, in dem die litauischen Behörden bei ihrem gewaltsamen Vorgehen gegen das Memelländische Direktorium Böttcher nur teilweise gerechtfertigt wurden, die Wahl zum 4. Memelländischen Landtag trotz Einbürgerung von Tausenden von Litauern kein wesentliches Ansteigen der litauischen Stimmen zur Folge. Ein von der Mehrheit, d. h. 24 memelländischen Abgeordneten, denen 5 Litauer gegenüberstanden, getragenes

Direktorium unter Leitung von Dr. Ottomar Schreiber übernahm im Juni 1932 die Amtsgeschäfte. Im Frühjahr 1933 entstand in Memel in der Christlich-sozialen Arbeitsgemeinschaft des Pastors Frhr. v. Sass eine nationalsozialistische Partei, gegen die die bisherigen Parteien, die Memelländische Volkspartei und die Memelländische Landwirtschaftspartei — die Sozialdemokraten stellten nur eine kleine Gruppe dar — in der „Sozialistischen Volksgemeinschaft" unter Leitung von Dr. Ernst Neumann eine Gegenpartei schufen. Da beide vom Nationalsozialismus beeinflußten Parteien einander erbittert bekämpften und sich deutsche Stellen — neben dem Generalkonsulat in Memel auch solche in Königsberg und Berlin — einschalteten, wurde das Eingreifen der litauischen Behörden heraufbeschworen. Der litauische Gouverneur und der litauische Kriegskommandant ließen Verhaftungen vornehmen, verboten, gestützt auf das „Gesetz zum Schutz von Nation und Staat", beide neuen Parteien und setzten im Juni 1934 das Direktorium Schreiber ab. Es war dies auf die polnisch-deutschen Vereinbarungen vom 26. Januar 1934 zurückzuführen, die Litauen als Gefahr ansah. Vor dem Obersten Kriegsgericht in Kauen wurde ein Landesverratsprozeß inszeniert, am 3. April 1935 das Urteil über 84 Memelländer verkündet und die Tätigkeit des Landtages völlig sistiert. Als die Wahlen, die nach heftigen Protesten der Memelländer schließlich im September 1935 abgehalten wurden, auch im 6. Landtag keine Steigerung des litauischen Anteils an Stimmen und Sitzen brachten, mußten die litauischen Behörden es hinnehmen, daß der Memelländer Baldschus Präsident des Direktoriums wurde; die von litauischer Seite mißachtete Autonomie des Memelgebietes wiederherzustellen war sein Ziel. Die politischen Spannungen blieben indes bestehen, obgleich die sehr gespannten deutsch-litauischen Beziehungen allmählich normalisiert wurden und ein Handelsvertrag im August 1936 abgeschlossen werden konnte. Widerrechtliche Eingriffe in die Autonomie seitens der litauischen Behörden, ein Enteignungsgesetz vom September 1937, das eine Reihe memelländischer Grundbesitzer betraf, endlich schwere Zusammenstöße im Juni 1938 im Memeler

Hafen zwischen Memelländern und Litauern ließen das Gebiet nicht zur Ruhe kommen, wie sie andererseits die litauische Außenpolitik belasteten. Freilich war inzwischen ein Teil der 1935 Verurteilten freigelassen worden; im Oktober 1938 wurde der seit 12 Jahren bestehende Kriegszustand aufgehoben; Anfang November regte der litauische Außenminister Lozoraitis Verhandlungen mit der deutschen Reichsregierung an. Am 5. Dezember 1938 wurde die litauische Regierung Mironas umgebildet; der neue Außenminister Urbšys teilte der Reichsregierung mit, daß die litauische Regierung bereit sei, auf deutsche Wünsche in der Memelfrage einzugehen. Am 11. Dezember 1938 fanden die letzten Landtagswahlen im Memelgebiet statt, bei denen die Memelländer eine „Memeldeutsche Liste", die Dr. Neumann anführte, wählten. Wiederum zogen 25 memelländische und 4 litauische Abgeordnete in den Landtag. Eine von Urbšys veranlaßte Demarche Englands und Frankreichs in Berlin konnte nicht verhindern, daß die Entwicklung im Memelgebiet auf die Rückgliederung in das Deutsche Reich zusteuerte. Nach der Besetzung der restlichen Tschechoslowakei hielt die nationalsozialistische Reichsregierung den Augenblick für gekommen, auch die Memelfrage in ihrem Sinne zu entscheiden. Der litauische Außenminister Urbšys führte in Berlin unter äußerstem zeitlichem Druck die Verhandlungen, die am 22. März zu einem deutsch-litauischen Vertrag führten, in dem Litauen das Memelgebiet zurückgab und dafür eine Freihafenzone zugesichert erhielt. Sechs Stunden vor der Unterzeichnung des Vertrages war die deutsche Flotte mit Hitler an Bord ausgelaufen, um das Gebiet zu besetzen. Der litauische Landtag stimmte dem Vertrage ohne Debatte zu.

Gewiß wurde dadurch ein künstlich geschaffener pseudonationaler Zankapfel zwischen Litauern und Deutschen beseitigt und dem Willen der überwiegenden Mehrheit der Bevölkerung nach 20 Jahren Rechnung getragen. Aber die Aufgabe der Ansprüche auf Wilna wie die Rückgabe Memels zeitigten nun in Litauen selbst schwerwiegende Folgen einer im ganzen als verfehlt anzusehenden Außenpolitik. Schon nach der Annahme

des polnischen Ultimatums im März 1938 hatten die Vertreter
der zwar verbotenen, aber ungeachtet dieses Verbotes noch
bestehenden Oppositionsparteien und insbesondere die akademische Jugend die Forderung nach Beteiligung *aller* politischen
Kräfte an der Regierung erhoben. Ende März 1939 wurde ein
neues Kabinett unter Leitung des bisherigen Generalstabschefs
J. Černius (geb. 1898, lebt in den USA) gebildet. Ihm gehörten
der Leiter der Christlich-Demokratischen Partei, Dr. Bistras,
Vertreter der Volkssozialisten und der Voldemaras-Anhänger
an. Die Alleinherrschaft der Tautininkai war unter dem Zwang
der Ereignisse und unter dem Druck der Opposition beendet.

Ohnehin hatte die Aufhebung des Kriegszustandes 1938 eine
Liberalisierung und Demokratisierung des politischen Lebens in
Litauen zur Folge gehabt. Allein, ehe sie sich recht auswirken
konnte, brach am 1. September 1939 der Zweite Weltkrieg aus.
Litauen erklärte gemeinsam mit Lettland und Estland seine
strikte Neutralität. Aber während des Septemberfeldzuges
traten Einheiten der geschlagenen polnischen Armee auf litauisches Gebiet über, wo sie entwaffnet und interniert wurden.
Als schließlich seit dem 17. September auch die Rote Armee
eingriff und Wilna besetzte, geriet Litauen wider seinen Willen
in die große europäische Auseinandersetzung hinein. Durch den
sowjetischen Außenkommissar Molotow erhielt die litauische
Regierung Kenntnis von der am 23. August und 28. September
1939 erfolgten Abgrenzung der deutsch-sowjetischen „Interessensphären" und dem Versuch der Deutschen, einen Streifen
litauischen Gebietes um Marijampolė an sich zu ziehen. Sie
war daher — wie die Regierungen Lettlands und Estlands —
gezwungen, auf den Wunsch der Sowjetregierung nach einer
„Neuregelung" ihrer Beziehungen zu den kleinen Nachbarstaaten einzugehen. In wesentlichen Teilen gleichlautende Texte
eines Beistandspaktes wurden dem nach Moskau zitierten estnischen, lettischen und schließlich am 3. und 4. Oktober 1939
auch dem litauischen Außenminister vorgelegt. Am 10. Oktober
1939 unterzeichnete er einen sowjetisch-litauischen Beistandspakt, der Litauen die Stadt Wilna und den größten Teil des

beanspruchten Wilnagebietes übergab. Dafür mußte Litauen der Sowjetunion Stützpunkte für Land- und Luftstreitkräfte zur Verfügung stellen. Mit der Klausel, daß keine der vertragsschließenden Parteien an einem Bündnis oder einer Koalition gegen den Bündnispartner teilnehmen wolle, begab sich Litauen in Abhängigkeit von der Sowjetunion. Am 14. Oktober begannen sowjetische Truppen mit dem Einmarsch in ihre litauischen Stützpunkte. Schon am 27. Oktober hatten litauische Truppen die Grenze überschritten und besetzten am 28. Oktober Wilna, die verfassungsmäßige Hauptstadt. Es wurden sofort behördliche Maßnahmen über die Eingliederung des neuen Gebietes, über die Staatsangehörigkeit seiner Bewohner, über das Schulwesen, die Presse, die Umwandlung der polnischen Universität in einen Teil der litauischen Kauener (seit Januar 1940: Wilna-Kauener) Universität getroffen.

Die Sowjetunion hatte sich verpflichtet, nicht in die inneren Verhältnisse der baltischen Staaten einzugreifen. Sie hielt sich zunächst äußerlich daran, bezichtigte aber die drei Baltischen Staaten der „Blockbildung", weil sie sich enger aneinanderschlossen. Als der Angriff Hitlers auf die Niederlande, Belgien und Frankreich eine günstige Gelegenheit bot, nahm die Sowjetunion angebliche Zwischenfälle zwischen der Bevölkerung und der Roten Armee zum Anlaß, um am 30. Mai 1940 die Einstellung dieser „Provokationen" und die Entsendung des Ministerpräsidenten Merkys nach Moskau zu fordern. Eine Umbildung der Regierung wurde verlangt, die der Staatspräsident Smetona am 10. Juni 1940 genehmigte. Der Außenminister Urbšys, der nach der Abreise des Ministerpräsidenten Merkys in Moskau geblieben war, wurde am 14. Juni 1940 von Molotow in den Kreml bestellt, um ein Ultimatum in Empfang zu nehmen, das verlangte: a) die gerichtliche Bestrafung des litauischen Innenministers und des Chefs der Sicherheitspolizei; b) eine Neubildung der Regierung, welche gewillt sein mußte, den litauisch-sowjetischen Vertrag durchzuführen; c) die Zustimmung zum sofortigen Einmarsch der Roten Armee in das gesamte Land. Die Regierung Merkys (geb. 1887, 1940 in die

Sowjetunion verschleppt und dort 1955 gestorben; er war u. a. 1927–1932 Gouverneur im Memelgebiet gewesen) trat darauf am 15. Juni zurück. General Raštikis, der Oberbefehlshaber der litauischen Armee, wurde zum neuen Ministerpräsidenten ernannt. Die neugebildete Regierung nahm, um das Land zu retten, das sowjetische Ultimatum an, doch forderte Molotow den Rücktritt von Raštikis und eine Umbildung der Regierung im Einvernehmen mit dem Beauftragten der Sowjetregierung, dem stellvertretenden Volkskommissar für Auswärtiges, W. G. Dekanosow. Smetona, Raštikis und andere Persönlichkeiten überschritten noch am gleichen Tage die ostpreußische Grenze.

Smetona begab sich in die USA, wo er am 9. 1. 1944 in Cleveland, Ohio, ums Leben kam. Schon am 1. Juni 1940 hatte die amtierende litauische Regierung, dem lettischen Beispiel folgend, den Gesandten in Rom und ehemaligen Außenminister Lozoraitis für den Fall feindlicher Besetzung des Landes zum Chef des diplomatischen Dienstes ernannt, um dadurch die staatliche, insbesondere außenpolitische Kontinuität zu wahren. Dekanosow ernannte den Volkssozialisten Justas Paleckis, einen Schriftsteller (geb. 1899 in Telšiai) zum Ministerpräsidenten und zeitweiligen Staatspräsidenten. Sein Stellvertreter als Außenminister wurde Professor Vincas Krėvė-Mickevičius (geb. 1882, gest. 1954 in den USA), ein ehemaliger Angehöriger des Tautininkai-Verbandes, aber schon seit dem Staatsstreich von 1926 scharfer Gegner des Tautininkai-Regimes und insbesondere Smetonas, und einer der bedeutendsten litauischen Dichter. Litauen wurde gezwungen, die baltische Entente aufzukündigen. Es gelang Krėvė-Mickevičius nicht, die Sowjetregierung davon abzuhalten, Litauen zu annektieren. Für den 14. und 15. Juli 1940 wurden in allen drei baltischen Staaten Wahlen abgehalten, die in Litauen 99,2 v. H. der Stimmen für die „Liste des werktätigen Volkes" erbrachten. Am 21. Juli trat der neue Landtag zusammen und beschloß, wie nicht anders zu erwarten, die Bitte um Aufnahme Litauens in die Sowjetunion und die Einführung des Sowjetsystems. Dieser „Bitte" entsprach der Oberste Sowjet der UdSSR am 3. August 1940. Litauen wurde als 14. Sowjetrepublik in die Sowjetunion aufgenommen und erhielt laut Beschluß des Obersten Sowjet vom gleichen Tage einige weitere, bisher polnische, der Weißrussischen Sowjetrepublik angegliederte Gebiete mit der Stadt Švenčionys (poln. Święcjany). Damit hatte die selbständige Republik Litauen zu bestehen aufgehört. Sie war ein Opfer des Krieges geworden.

In den wenig über zwanzig Jahren ihres Bestehens hatte die Republik Litauen ein schweres Erbe zu bewältigen. Jahrhundertelange geistige Überfremdung, eine 120 Jahre währende Besetzung des Landes durch die Russen hatten tiefe Spuren hinterlassen. Dadurch, daß die junge litauische Nationalbewegung der letzten Jahrzehnte des 19. Jahrhunderts so entschlossen die geschichtliche Tradition des alten Großfürstentums Litauen aufnahm, das bis ins 17. Jahrhundert hinein eine Großmacht auf der Grenze Mittel- und Osteuropas gewesen war, bürdete sie der 1918 durch den für die beiden großen Nachbarmächte Deutschland und Rußland ungünstigen Kriegsausgang entstandenen Republik Litauen, die in ihren Ansprüchen weit über den Kleinstaat, den sie darstellte, hinausging, eine kaum zu tragende Last auf. Die in die politische Verantwortung hineinwachsenden Gruppen von Menschen besaßen nur in wenigen Fällen Geschick, Erfahrung und Augenmaß genug, um eine Politik im Rahmen des Möglichen zu treiben. Hierzu gehörte zweifellos Voldemaras. Aber er stürzte über die nationalistischen Ambitionen und Großsprechereien einer jüngeren Gruppe von Politikern und Publizisten, die den Kern des Tautininkai-Verbandes bildeten. Hier wuchs jene nationalistische, ja, chauvinistische Richtung heran, deren Haltung und Tätigkeit die Verwicklungen in der Memel- und Wilnafrage bestimmt hat. Kluge und besorgte Beobachter haben die Gefahren dieser Entwicklung früh gesehen, die Tatsache, daß das litauische Kulturleben von Ost und West beeinflußt, ja, überfremdet war, nicht als Unglück, sondern als Aufgabe betrachtet, in der auch Litauen erfassenden Materialisierung und der zivilisatorischen Angleichung an den Standard der Nachbarländer eine Gefahr erkannt, die das Eigene und Eigentümliche des litauischen Volkstums und seiner kulturellen Äußerungen bedrohte. „Unsere zukünftige Aufgabe ist auf dem Lande, nicht auf dem Meere zu suchen." (A. Maceina, 1939).

Zweifellos wurde das aus der Besatzungszeit und dem Kriege übernommene Erbe zum Teil überwunden. Zunächst gelang es, viele der nach dem Inneren Rußlands geflüchteten und verschleppten Menschen nach Litauen zurückzusiedeln. Schwieriger gestaltete sich der wirtschaftliche Aufbau in einem Jahrzehnte hindurch bewußt vernachlässigten, verkehrsmäßig wenig erschlossenen Lande. Zwar war die Lösung aus dem russischen Wirtschaftsraum bereits während des Ersten Weltkrieges erfolgt, aber ersetzt worden durch die Eingliederung in die deutsche Kriegswirtschaft; diese enge Bindung wurde erst nach 1918 allmählich abgebaut, 1922 die Bank von Litauen gegründet und eine eigene Währung (1 Litas = 100 Centai) geschaffen. Die Wirtschaftspolitik der litauischen Regierungen war im allgemeinen vorsichtig und die Währung konnte auch nach 1931 im wesentlichen stabilgehalten werden. Dabei mußte die Volkswirtschaft des jungen Staates die aus national- und sozialpolitischen Gründen angestrebte und durchgeführte Bodenreform mit ihren notwendig sich ergebenden Schwierigkeiten und Ausfällen ertragen. Dies ist nicht nur gelungen, sondern darüber hinaus die Schaffung eines im allgemeinen wirtschaftlich stabilen Einzelhofbauerntums, bei dem kleine und mittlere Betriebe überwogen. Die von der Regierung auf direktem Wege oder über die landwirtschaftlichen Genossenschaften angeregte Umstellung vom Getreidebau auf die Viehwirtschaft stellte dem Außenhandel die neben den Erzeugnissen der Fortwirtschaft wichtigsten Exportgüter zur Verfügung. Freilich war das nur gering ausgebaute Netz von Eisenbahnen und Straßen auch für den Export hemmend. Wenigstens erschloß der Bau der Bahnlinie Schaulen — Telšiai — Memel das Innere Schemaitens. Gewerbe und Industrie entwickelten sich nur langsam, aber auch hier war eine stetige Belebung festzustellen. Die von der russischen Verwaltung völlig vernachlässigten Städte des Landes, vor allem die provisorische Hauptstadt Kauen, veränderten in kurzer Zeit ihr Gesicht. Altes und Neues, bescheidenes einstöckiges Holzhaus und modernes mehrstöckiges Bürogebäude, standen oft nebeneinander.

Dieses Nebeneinander von Altem und Neuem, von Sammlung, Pflege und Weiterentwicklung des überlieferten Volksgutes (Lied, Märchen, Volkskunst) und Offenheit gegenüber allen neuen und neuesten aus West und Ost einströmenden geistigen Einflüssen und Anregungen kennzeichneten auch das literarische und künstlerische Leben während der Zeit zwischen den beiden Weltkriegen. Die beiden großen literarischen Richtungen, der Realismus, wie er bereits im Werk der schemaitischen Dichterinnen des ausgehenden 19. Jahrhunderts zutage trat, und eine idealistisch-romantisierende Anschauung der Welt und der Vergangenheit des litauischen Volkes, wie sie Basanavičius in der „Aušra" vertreten hatte, wie sie dann im Werk von Vincas Kudirka und in dem von Maironis (Jonas Maculevičius, 1862—1929) Gestalt gewann, fächerten sich in eine Fülle von Tendenzen, Strömungen, Gruppierungen auf, die weltanschaulich vom gläubig bekannten Christentum (Maironis z. B. war Priester) über den kritischen Realismus bis zum atheistischen Kommunismus eines Liudas Gira (1886—1946) oder der Salomėja Neris (Bačinskaitė-Bučiene, 1904—1945) reichte. Alle Arten und Formen poetischer Aussage wurden, vielfach zum erstenmal, in der litauischen Sprache verwandt. Drama und Roman fanden ein immer größer werdendes, aufnahmebereites Publikum. 1920 wurde — mit Hermann Sudermanns im Memelgebiet spielenden Schauspiel „Johannisfeuer" — das Kauener Staatstheater eröffnet, das in seinen Operninszenierungen bald von sich reden machte, nicht zuletzt durch die hervorragenden Leistungen des Tenors Kipras Petrauskas (geb. 1886). Die bildende Kunst, deren genialer Vertreter Mykolas Konstantinas Čiurlionis (1875—1911) sowohl als Maler wie als Komponist Bedeutendes geleistet hat, war vielfach Schwester der Lyrik, wie in den zarten Schöpfungen des Malers und Graphikers Žmuidžinavičius u. a.

Das litauische Schul- und Bildungswesen wurde seit 1918, befreit von allen Beschränkungen, ausgebaut, eine Universität in Kauen errichtet, die den Namen des Großfürsten Witowt/ Vytautas erhielt, und neben ausländischen Gelehrten, vor allem aus der Schweiz, aber auch deutschen Gästen und russischen Emigranten eine Reihe bedeutender litauischer Gelehrter wie der Sprachwissenschaftler Kazimieras Būga (1879–1924) berufen, die ihrerseits wieder eine Fülle jüngerer Gelehrter ausbildeten. Die Landwirtschaftliche Akademie in Dotnuva (hervorgegangen aus einer 1911 gegründeten Landwirtschaftsschule, 1924 in eine Akademie umgewandelt, der eine Versuchsstation angegliedert wurde) diente der Ausbildung von Diplomlandwirten und Forstwirten.

Die Presse, seit Beginn der litauischen nationalen Bewegung der deutlichste Ausdruck nationalen Eigenbewußtseins, verfügte über zahlreiche Tageszeitungen und eine Reihe kultureller und wissenschaftlicher Zeitschriften, die freilich, sofern sie nicht die politische Richtung der Tautininkai vertraten oder ihr nahestanden, gewissen Zensurbeschränkungen unterworfen waren. Die Verhältnisse änderten sich jäh und plötzlich mit der Eingliederung Litauens in die Sowjetunion.

SCHLUSSWORT

Die Einfügung Litauens in die Sowjetunion im Sommer 1940, die durch die deutsche Besetzung 1941—1944 lediglich unterbrochen wurde, hat nicht nur die politische Existenz des kleinen Staates beendet, sondern auch für das litauische Volk und die mit ihm auf gemeinsamem Heimatboden lebenden anderen Volksgruppen schwerste Verluste gebracht. Im Gefolge des Zweiten Weltkrieges sind die Deutschen Litauens erst nach Deutschland umgesiedelt (1941), dann wieder zurückgesiedelt (seit 1942), schließlich zur endgültigen Flucht nach Westen gezwungen (1944) worden. Die Juden Litauens wurden von den nationalsozialistischen Machthabern in den Jahren der deutschen Besatzung ausgerottet. Die Polen des Wilnagebietes, insbesondere der Stadt Wilna, wurden nach 1945 auf Befehl der sowjetischen Regierungsstellen nach Polen umgesiedelt, die polnische Universität Wilna nach Thorn verlegt. Das litauische Volk hat durch Deportationen schon 1941, dann durch Kriegseinwirkung und nach 1945 durch mehrere Deportationsschübe eine hohe Zahl von Menschen verloren. Hinzuzurechnen ist eine 1944 erfolgte Emigrationswelle nach Westen. Insgesamt dürfte etwa ein Drittel der Bevölkerung des litauischen Territoriums durch den Zweiten Weltkrieg getötet, umgesiedelt, verbannt, zur Flucht gezwungen worden sein. Dafür sind neue Menschen, Russen vor allem, nachgerückt.

Die Wandlungen, die der Zweite Weltkrieg auch für Litauen und das litauische Volk mit sich brachte, werden dadurch nur angedeutet. Sie zu behandeln, fehlen dem Historiker vorerst noch die zuverlässigen Quellen. Sicher ist eines: die grundstürzenden Veränderungen, denen das litauische Volk unterworfen wurde, werden ihre Spuren tief in sein politisches und historisches Selbstverständnis eingraben. Umwertungen werden sich vollziehen, Illusionen, wie die, daß die Litauer über ihr politisches Geschick souverän bestimmen könnten, werden ebenso schwinden wie die Träume von einem „Groß-Litauen", die in manchen Emigrantenkreisen noch gehegt werden mögen. Es wird sich erweisen müssen, ob der zwischen den beiden Weltkriegen lebendige Stolz auf eine große geschichtliche Leistung im Mittelalter stark genug ist, die Enttäuschung über den Verlust der nur zwanzigjährigen staatlichen Selbständigkeit zu überwinden und an jenen Werten festzuhalten, die Litauen seit dem ausgehenden 14. Jahrhundert an die abendländische Kulturwelt gebunden haben.

LITERATURHINWEISE

Eine Geschichte Litauens in deutscher Sprache, die den Forschungsstand widerspiegelte, gibt es nicht. Die Darstellung von Theodor Schiemann in seinem zweibändigen Werk „Rußland, Polen und Livland bis ins 17. Jahrhundert" (Berlin 1887) war zu ihrer Zeit verdienstlich, ist aber überholt.

Die deutsche Forschung hat sich erst allmählich Problemen der litauischen Geschichte zugewandt. Zu nennen sind vor allem die zweibändige Arbeit von Hans und Gertrud Mortensen, Die Besiedlung des nordöstlichen Ostpreußens bis zum Beginn des 17. Jahrhunderts (Leipzig/Berlin 1937/38), in dem wichtige ältere Arbeiten beider Verfasser zitiert sind, eine großangelegte Darstellung der politischen Geschichte des Heldenzeitalters Litauens von Josef Pfitzner, Großfürst Witold von Litauen als Staatsmann (Brünn/Wien 1930), ferner die bedeutsame Studie von Werner Conze, Agrarverfassung und Bevölkerung in Litauen und Weißrußland, 1. Teil. Die Hufenverfassung im ehemaligen Großfürstentum Litauen (Leipzig 1940).

H. Jablonowski, Westrußland zwischen Wilna und Moskau. Die politische Stellung und die politischen Tendenzen der russischen Bevölkerung des Großfürstentums Litauen im 15. Jahrhundert (Leiden 1955) und Oswald Prentiss Backus, Motives of West Russian Nobles in Deserting Lithuania for Moscow (1377—1514) haben besonders den ostslawischen Gebieten ihre Aufmerksamkeit zugewandt.

Für das deutsch-litauische Verhältnis vgl. Kurt Forstreuter, Deutschland und Litauen im Mittelalter (Studien zum Deutschtum im Osten, Heft 1, Köln—Graz 1962). Litauische Probleme berühren die große Darstellung von Gotthold Rhode, Die Ostgrenze Polens. Bd. I (bis 1401) (Köln—Graz 1955) und M. Hellmann, Das Lettenland im Mittelalter (Köln 1954).

Einen Überblick bietet M. Hellmann, Die geschichtliche Bedeutung des Großfürstentums Litauen, in: Saeculum IX, 1958, S. 87 ff.

Für die Neuzeit sei verwiesen auf Viktor Jungfer, Litauen. Antlitz eines Volkes (2. Aufl. Tübingen 1948), das aber keine wissenschaftlichen Ansprüche stellt, ferner auf M. Hellmann, Die litauische Nationalbewegung im 19. und 20. Jahrhundert in: Zeitschr. f. Ostforschung 2 (1933), S. 66 ff., sowie Alfred Erich Senn, The Emergence of Modern Lithuania (New York 1959). Als Ergänzung dazu: Gerd Linde, Die deutsche Politik in Litauen im Ersten Weltkrieg (Wiesbaden 1965). Alle genannten Werke enthalten reiche Literaturangaben.

Von litauischer Seite liegt bisher eine Gesamtdarstellung „Lietuvos Istorija", hrsg. von Adolfas Šapoka (Kaunas 1936, in den USA nach dem Zweiten Weltkrieg nachgedruckt) vor. Auf ihr beruht C. R. Jurgela, History of the Lithuanion Nation. (New York 1948). Wichtige litauische Untersuchungen liegen in deutscher Sprache vor. Z. B. Marija Krasauskaitė, Die litauischen Adelsprivilegien bis zum Ende des 15. Jahrhunderts (Dissertation Zürich 1927); Konstantinas Avižonis, Die Entstehung und Entwicklung des litauischen Adels bis zur litauisch-polnischen Union 1385 (Berlin 1932 = Historische Studien 223); Zenonas Ivinskis, Geschichte des Bauernstandes in Litauen. Von den ältesten Zeiten bis zum Anfang des 16. Jahrhunderts (Berlin 1933 = Historische Studien 236). Eine umfangreiche deutsche Zusammenfassung findet sich in den Büchern von Adolfas Šapoka, Lietuva ir Lenkija po 1569 metų Liublino unijos [Litauen und Polen seit der Lubliner Union von 1569] (Kaunas 1938) und bei K. Avižonis, Lietuvos bajorai Vazų laikais [Die litauischen Bojaren in der Wasazeit] (Kaunas 1940). Einzelstudien liegen zahlreich vor. Sie sind in den genannten Arbeiten zitiert. Besonders erwähnt sei die in den USA erscheinende litauische Enzyklopädie (Lietuvių Enciklopedija, 1953—1969, 36 Bde.).

Die Hauptarbeit bei der Erforschung der Geschichte Litauens haben polnische und russische bzw. weißrussische Gelehrte geleistet. Sie haben auch die wichtigsten Quellen ediert und kommentiert. Einige wenige Namen seien genannt:

H. Łowmiański, L. Kolankowski, H. Paszkiewicz, St. Zajączkowski, A. Prochaska, O. Halecki, St. Kutrzeba, F. Koneczny,

F. Papée, M. Ljubavskij, J. J. Lappo, F. J. Leontovič, M. V. Dovnar-Zapol'skij und V. I. Pičeta. Ihre wichtigsten Arbeiten sind in den vorstehend genannten Werken, z. B. bei Conze, zitiert. Besonders hingewiesen sei auf den knappen, aber guten Abriß in der älteren „Historja polityczna Polski" [Politische Geschichte Polens], 2 Bde. (Warschau/Krakau 1923), sowie die reichen Quellen- und Literaturangaben in der „Historia Polski", Bd. I, Teil 1 und 2 (Warschau 1957). Der Darstellung freilich wird man nicht in allem folgen können. Vgl. jetzt G. Rhode, Kleine Geschichte Polens (Darmstadt 1965).

Die *Quellen* sind entweder in den großen polnischen Quellensammlungen enthalten, z. B. in den Monumenta medii aevi res gestas Poloniae illustrantia (Bd. 6 ist der Codex epistolaris Vitoldi, Krakau 1886), in den Volumina legum (die vor allem die Akten der Reichstage enthalten), oder in den russischen Quellensammlungen.

Separat: Akta unji Polski z Litwą [Akten der Union Polens mit Litauen 1385–1791], hrsg. v. St. Kutrzeba und W. Semkowicz (Krakau 1932). Außerdem sind die Quellensammlungen für Preußen, Livland, z. T. auch Moskau, z. B. die Sendschreiben Iwans IV., die Papiere und Briefe Peters d. Gr. usw. heranzuziehen. Dokumente zur neuesten Geschichte bei Senn a. a. O.

Zusatz 1976

Soweit dem Verfasser litauische Rezensionen dieser Schrift bekanntgeworden sind, sind einige wenige von ihnen sich in der bösartigen Ablehnung einig; dabei ist die Übereinstimmung von marxistisch-leninistischen Historikern (J. Jurginis, Wilna) und Emigranten (P. Reklaitis, Marburg) bemerkenswert. Sie spiegeln die nationalistische Haltung wider, die zwischen den beiden Weltkriegen das Verhältnis der Nachbarländer Deutschland und Litauen vergiftet hat. Auf sie einzugehen, erübrigt sich. In der vorliegenden Neuauflage sind einige Druckfehler berichtigt. Zu Änderungen bestand kein Anlaß.